JN410863

숏북
Short Book

키 작은 사람들을 위한 잡학사전

숏북

Short Book

재커리 캐닌 글 · 그림 노승영 옮김

YANG 양문 MOON

숏북

키 작은 사람들을 위한 잡학사전

초판 찍은날 2010년 3월 10일 **초판 펴낸날** 2010년 3월 15일

지은이 재커리 캐닌 | **옮긴이** 노승영

펴낸이 변동호
출판실장 옥두석 | **책임편집** 이선미 · 변영신 | **디자인** 권수진 | **마케팅** 김현중 | **관리** 이정미

펴낸곳 (주)양문 | **주소** (110-260) 서울시 종로구 가회동 172-1 덕양빌딩 2층
전화 02.742-2563~2565 | **팩스** 02.742-2566 | **이메일** ymbook@empal.com
출판등록 1996년 8월 17일(제1-1975호)

ISBN 978-89-94025-02-5 03000

맨 먼저, 이렇게 대단한 일을 해낼 수 있도록 힘을 주신 부모님께 감사한다. 두번째로 감사할 사람은 연구 조수를 맡아준 여자친구 크리스티나 앤젤리디스다. 내가 궁시렁궁시렁거리다 급기야 병원에 입원했을 때도 내 곁을 떠나지 않았다. 로라 로스는 (처음부터는 아니고) 딱 중반부터 나를 믿어준 훌륭한 편집자다. 직장상사이자 멘토였던 로버트 맨코프는 내가 야간 강의를 들으며 학위를 딸 수 있도록 격려해주었다.

조시 램버트, 캐런 비드굿, 스티븐 폴리스 슈츠, 수전 폴리스 슈츠를 비롯하여, 내게 이 책을 쓸 기회를 첫번째로 준 블루마운틴 출판사의 모든 이에게 감사한다. J. P. 레벤탈, 트루 심스, 마리 문다카를 비롯하여, 내게 이 책을 쓸 기회를 두번째로 준 블랙독앤드레벤탈 출판사의 모든 이에게 감사한다. 신디 라브라셰트와 아이리스 배스는 정확하고 쉽게 읽히면서도 산뜻하고 자연스러운 문장을 만들어주었다.

스티븐 그린블라트 교수는 이메일 한 통에 기꺼이 답장을 보내주었다. 세실 매키넌 교수와 호비 버지스 교수가 들려준 서커스 역사와 햄버거 이야기는 평생 잊지 못할 것이다. 아샤 섹터와 캐서린 퍼먼은 아무도 못 찾는 사진을 찾아냈다. 세라 라슨, 맷 포돌스키, 도우 쿠버는 수시로 내 생각이 옳은지 그른지 판단을 내려주었다. 자기들 책에서 내게 감사를 전한 사이먼 리치와 맷 디피에게 나도 감사를 전한다.

차례

머리말

나랑 닮았다고? 그럼 당신도 키가……? 날이면 날마다, 때로는 밤에도 키 때문에 고민하는 모습이 눈에 선하군. 놀라지 마시라. 지구상에는 자기가 작다고 생각하는 사람이 자그마치 80퍼센트나 된다. 그러니까 키 작은 사람 중에서 30퍼센트는 실제로는 평균 이상이라는 뜻이다. 숫자가 정확하냐고? 글쎄.

말이 나온 김에 한마디 하자면, 나는 과학자가 아니다. 이 책에서 몇 번이고 강조하겠지만(난 정말 과학자 아니라니까!) 어느 순간 내가 과학자가 아니라는 사실을 잊어버리기 시작할 것이다. 그럴 때면, 짜잔, 명심하라. 나는 분명히 경고했으니까. 이 책은 교과서가 아니다. 교과서였다면 책값도 훨씬 비쌌을 테고, 여러분은 '뭐 이딴 수업이 다 있어?'라고 생각했을 거다.

나는 과학자가 아니지만 이 책에는 무릎을 탁 치게 만드는 정보가 넘쳐난다. 작은 키는 웃음거리가 아니다. 아니, 아주 번듯한 직업이라고나 할까? 세상에서 제일 위대한 정복자들도 평생을 달고 다녔으니까. 알렉산드로스 대왕은 어린이용 갑옷을 입고 세상을 정복했고, 나폴레옹은 대관식 때 까치발을 해야 했다. 가수 프린스의 노래는 고도 157센티미터에서 울려퍼진다.

키가 작다는 것은 괴로운 일이지만, 재미있을 때도 있다. 신기한 경험이기도 하고 신나는 일이기도 하다. 때로는 나를 사색에 잠기게 하고 이따금은 즐거움을 준다. 아주 가끔이지만 우울에 빠지게 할 때도 있다. 세상에서 가장 대단하고 이름난 사람들 대부분이 키가 작았다. 학교 다닐 때 데이트는 꿈도 못 꿨을 사람들이다. 이 책을 읽고 나면 연애하기가 더 수월해질지도 모른다. 확실한 건 아니다. 두 사건은 서로 연관성이 없을지도 모르니까. 하지만 당신, 느낌이 좋은걸.

그런데 이 책을 대체 왜 읽어야 하느냐고? 일단, 키가 작다는 것에 대해 위안을 받을 수 있을 테니까. 피카소, 베토벤, 칸트, 볼테르, 테레사 수녀 모두 키가 작았다는 사실을 아는 사람은 거의 없다. 게다가 이것은 빙산의 일각에 지나지 않는다.

그러니 높은 의자에 앉아 톨보이(기다란 캔맥주–옮긴이) 몇 캔 까주고 키높이 구두는 벗어버리고, 그냥 즐겨보라. 키가 작다는 것이 얼마나 대단한 일인지 알게 될 것이다.

이 책에는 무엇이 들어 있을까?

- ⋆수많은 장(章)
- ⋆몇 가지 정보
- ⋆선의의 거짓말 몇 가지
- ⋆끔찍한 진실 하나
- ⋆동물 그림
- ⋆진짜 동물 한 마리
- ⋆당신이 키가 작은 이유
- ⋆당신 말고도 키가 작은 사람들
- ⋆내 신용카드 번호
- ⋆당신 이름(내 이름과 같다면)

* 부엌 어딘가에 숨어 있는 로켓 목걸이 찾는 법
* 그 사악한 로켓의 내용물을 파괴하는 법
* 각국의 평균 신장
* 키 작은 사람들의 애국가
* 세금신고 양식
* 계산원이 넣어둔 영수증
* 계산원 휴대폰 번호
* 계산원의 큼지막한 립스틱 자국
* 해답이 두 개, 하지만 빠져나온 사람이 없는 미로
* 그보다는 많은 정보
* 그보다 훨씬 많은 거짓말

추천사

"은행에 가면 입금 전표 대신 막대사탕을 줘요. 이놈의 차별이 언제 끝날까요? 혹시나 '조만간' 끝난다면 은행 말고 어디에서 막대사탕을 살 수 있을까요? 제 질문에 대한 답변을 책에 실어주세요."-메리 토머스

"나는 육군 장성이오. 하지만 키가 꽤나 크다오. 나폴레옹 콤플렉스를 활용하고 싶은데, 난쟁이 말을 타면 어떻겠소? 안정성이 떨어질지는 모르겠소만, 확실한 답은 책에서만 찾을 수 있으리라 생각하오. 과학적인 견해 말이오."-아르망T. 오마스 장군

"아침에 일어날 때마다 침대에서 떨어집니다. 아무래도 침대 한쪽이

다른 쪽보다 낮은 것 같습니다. 얇은 책을 한쪽에 끼워두면 수평을 맞출 수 있을 듯합니다만. 생각해보니 그럴듯한걸요."-토머스 킨케이드

"이 책을 읽으면 군비지출에 대해 다시 한 번 생각하게 됩니다."-앨런 코닝 장군

"미국의 안전을 위협하는 첫번째 요인이 지구온난화라면, 두번째는 이 책이다."-에드윈 로저스(과학자)

"지구상의 전쟁과 질병으로 인한 사망자를 모두 합친 것보다 다이어트 때문에 죽는 사람이 더 많나요? 저는 그렇게 믿어요. 이 책에 그렇게 나와 있으니까요."-톰 A.S.

"이 책을 읽기 전에는 키가 작았는데 이제는 커졌습니다. 이게 다 선생님 덕입니다."-토머스

"식음을 전폐하고 숨도 쉬지 않고 한번에 다 읽은 책은 《숏북》이 처음입니다."-故 톰 새스카

"돈 많아요? 그럼 이 책 사세요. 돈 없으면 먹을 걸 사든가 보험을 드시구요."-재커리 캐닌

"저는 키 작은 사람들과 일을 많이 합니다. 이 책을 읽고 나서 이들이 귀여운 장식품이 아니라 진짜 사람이라는 사실을 깨달았습니다."-마이

클 조다시

"나는 거물급 사업가라서 책을 읽을 시간이 별로 없소. 그래서 이 책도 읽어보지 못했소." - 플로리오 체임버스

"영화가 나오길 고대하고 있어요." - 에드나

"캐닌은 정신 상태가 불안정하대요." - 수전

"제가 듣기로는 공산주의자라더군요." - 해럴드

"네이더를 찍었답니다." - 로버트

"그럴리가요!" - 에드나

"진짭니다. 2000년에 네이더를 찍었다는 증거가 있습니다." - 로버트

"골통이네요." - 에드나

"아무렴요." - 로버트

PART ONE

올려다본 세상

나는 왜 키가 작을까?

나는 어른 머리에 아이 몸통을 타고났다네.
《피너츠》 등장인물처럼. -존 스튜어트

키의 과학

나는 우리 아버지처럼 178센티미터가 되는 게 꿈이었다. 하지만 열 세 살 적에 의사 선생님이 내 꿈을 산산조각 냈다. 앞으로 173센티미터까지밖에 못 자란다는 것이었다. 낙심천만이었다. 어떻게 나한테 이런 일이? 이제 농구장에서 슬램덩크를 내리꽂을 수도, 세상에서 가장 키 큰 사람으로 기네스북에 오를 수도 없잖아.

더 황당한 사실은 이듬해 신체검사에서 키가 단 1센티미터도 자라지 않았다는 것이다. 160센티미터에서 고정되어버린 것 같았다. 말하자면, 다 자란 것이다.

의사들은 내가 성장을 멈춘 이유를 알아내기 위해 내 골반과 정강이를 검사했다. 몸 구석구석의 치수를 재고 또 쟀다. 손이며 발이며 팔다리며 모두 엑스레이를 찍고 방대한 가족력을 샅샅이 뒤져 마침내 나온 진단 결과…… 나는 키가 작다.

하지만 대체 왜?

나는 깨달았다. 키를 결정하는 가장 중요한 요인은 바로

(음향 효과: 둥둥둥둥둥)……

부모가 널 미워하니까

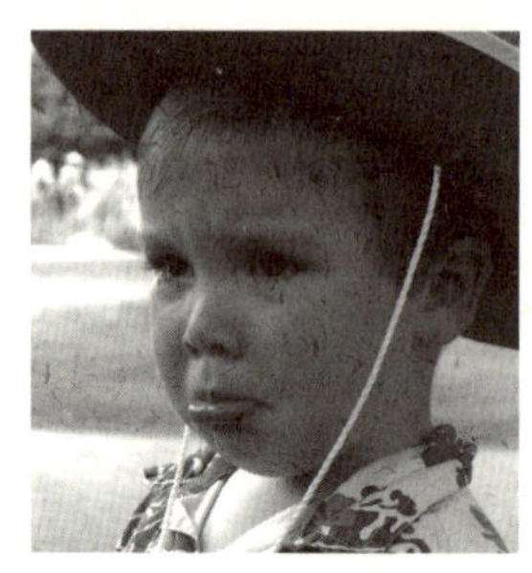

키를 결정하는 주요인은 유전이다. 그러니까, 당신 키는 부모를 따라간다는 뜻이다. 다시 말해서 당신의 키를 결정하는 사람은 기본적으로 부모다. 그런데 당신은 크지 않다. 따라서 부모는 당신을 미워한다. 그나저나 나는 크지 않다. 따라서 나는 당신을 사랑한다. 이제 이해가 되는가?

시시껄렁한 정보 두 가지

* 키를 조절하는 유전자를 정확하게 가려내기란 쉬운 일이 아니다. 적게는 7개에서 많게는 20개까지의 유전자가 성장에 영향을 미치기 때문이다. 어렵다고는 하지만, 나는 알고 있다. 말해주지 않을 뿐이지.
* 키를 연구하는 학문을 '옥솔로지(성장학)'라 한다. 바텐더가 하는 일을 연구하는 학문은 '믹솔로지'다. 두 단어를 합치면 '믹솔록솔로지'가 된다. 칵테일 마시고 취한 상태에서는 발음하기 힘들걸?

하지만 유전이 전부는 아니다. 우리 부모님의 성장 곡선을 보자면 나는 178센티미터까지 자랐어야 하지만, 실제로는 그러지 못했다. 따라서 내 경우는 유전으로 설명할 수 없다. 그렇다면 내가 작은 이유는 무엇일까? 유전 이외에 어떤 이유가 있었을까?

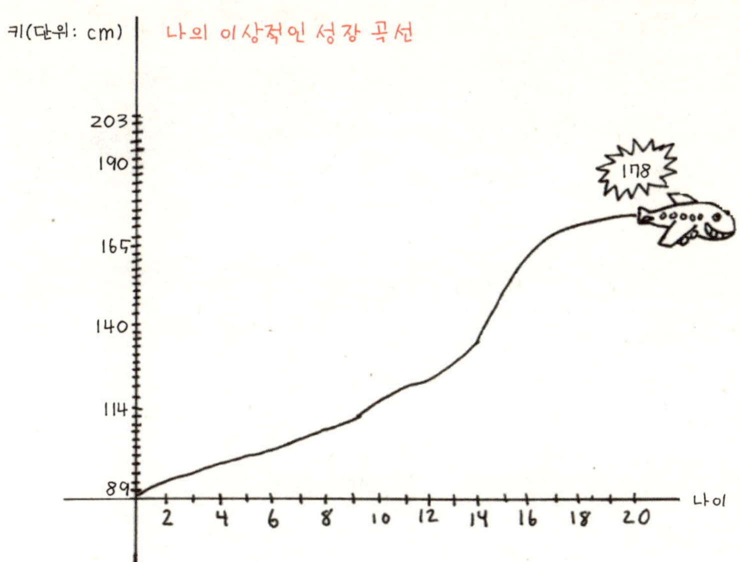
키(단위 : cm)
나의 이상적인 성장 곡선
203
190
165
140
114
89
178
2
4
6
8
10
12
14
16
18
20
나이

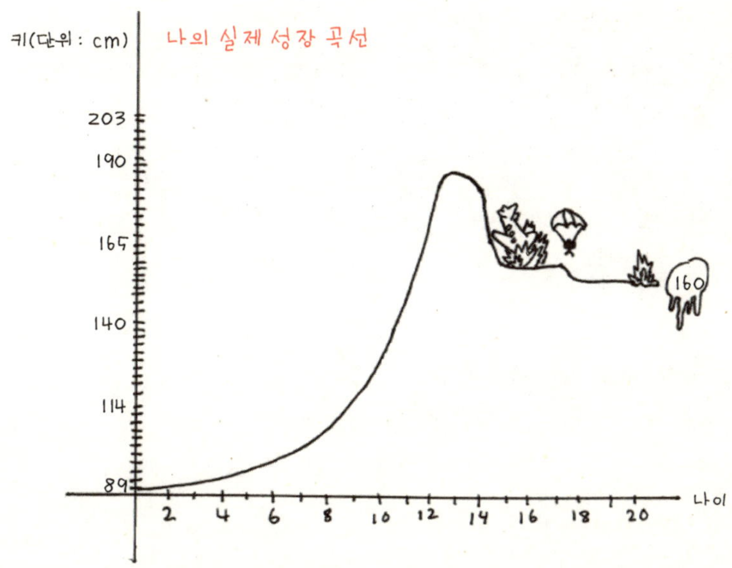
키(단위 : cm)
나의 실제 성장 곡선
203
190
165
140
114
89
160
2
4
6
8
10
12
14
16
18
20
나이

부모는 당신이 알고 있는 것보다 더 다양한 방법으로 당신을 괴롭혔다

작은 키의 또 다른 원인은…… '성장 부진' 이다. 부진이라니? 성장에도 점수가 있었나? 진지하게 말하자면, 최대한의 유전적 잠재력만큼 성장하지 못하는 데는 아래와 같이 몇 가지 이유가 있다.

- **영양 결핍**: 키가 크려면 어릴 때 몸에 좋은 음식을 많이 먹고 열심히 운동하고 푹 자야 한다. 모름지기 부모라면 트레드밀을 아이 침대로 삼고, 낮잠을 재울 때는 메디신 볼 두 개를 테이프로 가슴에 붙여주어야 한다.
- **질병**: 엄마 뱃속에 있을 때나 어릴 적에 병에 걸리면 성장 부진을 겪을 수 있다. 질병 이름을 알고 싶으면? 의대에 가라.
- **스트레스와 신체적 학대**: 연구에 따르면, 아이를 학대하거나 부부 싸움이 지나치면 성장을 저해할 수 있다고 한다. 하지만 부부 싸움을 너무 안 하면 어떻게 되는지 연구한 사람은 없다.
- **내분비 장애**: 성장 호르몬이 충분히 분비되지 않으면 키가 제대로 자라지 않는데, 이 경우는 성장 호르몬 요법을 받을 수 있다(여기에 대해서는 4부에서 설명한다). 지금 설명하려고 했지만, 당신 아버지가 나하고 놀아주고 아이스크림도 사주기로—스트립쇼도 보여주면서—약속하는 바람에…….

'왜소증' 은 신체가 정상 발육하지 않아서 키가 크지 않는 현상이다. 왜소증의 종류는 320가지가 있으며 미국에서만도 150만 명이 왜소증 환자다. 가장 흔한 유형인 연골 무형성 질환은 뼈에 영향을 미치기 때문에, 몸통 크기는 정상이지만 머리가 크고 팔다리가 작아진다. 개인적으로 이것도 부모 탓이라고 생각하느냐고? 그렇게 믿는 게 마음 편할걸.

이보다는 덜 심각한 원인으로 '체질적 성장 지연(CGD)' 이 있다. CGD는 또래보다 더 늦게 발육이 이루어지는 증상이다. 이와 정반대 질환인 '이른 사춘기' 는 사춘기가 너무 일찍 찾아오는 바람에, 키가 다 자라기도 전에 성장이 멈추어버린다. 나는 열한 살 때 무섭게 자랐다. 지금 생각하면 가슴을 칠 노릇이지만. 내가 탈취제를 발라대고 한 치수 큰 바지를 살 때 다른 아이들은 더 커질 몸을 위해 뼈와 피부를 준비하고 있었던 것이다.

하지만 이들 요인 중 어느 것으로도 당신의 키를 설명할 수 없다면? 아무 이유 없이 그냥 키가 작은 거라면?

이렇게 말할 수밖에 없다. 당신 부모는 눈에 흙이 들어가는 한이 있더라도 당신이 행복한 꼴은 못 보는 사람이다!

별다른 이유 없이 키가 작은 현상은 '특발성 왜소증' 이라 부른다. 부모를 직접 탓할 수는 없겠지만, 당신이 살아남으려고 안간힘을 쓰고 있을 때 당신 부모는 피임도 하지 않은 채 섹스를 즐기고 있었다는 것을 명심하라. 이 정도면 하늘 위에 있는 누군가의 심기를 건드리기에는 충분했을 것이다.

⋯› 흠잡을 데 없는 인간의 모습.

그렇다면 나는 왜 키가 안 컸을까? 짐작 가는 것이 몇 가지 있다. 첫째, 돼지갈비와 생강케이크만 먹었다. 둘째, 열한 살 때 사춘기를 겪었다. 마지막으로, 자궁 내 성장 지연을 겪었을 가능성이 있다(이것은 선천성 질환이다). 그러니까…… 영양 결핍에, 이른 사춘기에, 선천성 질환(거기다 특발성 왜소증의 가능성도 크다)이 모두 영향을 미친 듯하다. 다행스럽게도, 키가 작다는 것은 이제껏 겪은 일 중에 가장 멋진 일이다. 키가 컸다면 이 책을 쓰지도 못했을 테니까! (나는 지금 땅에 바싹 붙은 컴퓨터로 작업하고 있다.)

내 키에 숨겨진 비밀

자유의지와 운명이 지금의 나를 만들었다. 우리 부모님은 아이를 갖기로 마음먹으셨고 운명은 나를 작게 만들기로 마음먹었다. 하지만 이게 전부는 아니다. 아래와 같이 또 다른 요인이 작용할 수도 있다.

- 햇빛
- 신의 거룩한 개입
- 친구와 가족의 넘치는 사랑
- 당신이 태어난 날, 하트 모양 사탕으로 만든 일곱 빛깔 무지개
- 당신은 천재다.
- 당신은 사고로 죽어 하늘나라에 갔다.
- 하늘의 축복이 땅에 임했다. 하지만 당신이 사춘기를 겪는 동안만.
- 집 주변의 흙은 마법으로 만든 것이다.
- 어떤 놈이 세번째 소원으로 내가 땅딸보가 되기를 빌었다.
- 당신은 작지 않다. 다만 몸이 수천 킬로그램의 황금으로 이루어져 있어 걸을 때마다 땅속으로 가라앉을 뿐이다.
- 유전

알았어, 알았다구. 당신과 내가 이토록 멋진 몸으로 태어난 데는 그럴듯한 과학적 이유가 많다. 잠깐, 내 말 좀 들어봐! 여기 한 가지 더.

* 당신은 끝내주는 사람이니까.

이 책을 읽으려면 키가 얼마나 작아야 할까?

키가 작지 않아서 걱정인 사람? 내가 해줄 수 있는 충고는 너무 걱정하지 말라는 거다. 혈액순환에 해롭잖아. 그런데 뭐가 걱정인가? 180센티미터인 사람도 자기 키를 183센티미터로 늘려 말한다. 당신이 보기에 '평균 신장'인 사람들도 대부분 키를 과장한다. 지금보다 더 커야 한다고 생각하니까.

얼마나 작아야 작은 걸까?

키가 작다는 것은 상대적인 개념이다. 아담의 갈비뼈에서 이브가 생겼을 때 아담의 첫마디는 "그거 뭐야?"였다. 이브의 젖가슴을 가리키면서 말이지. 두번째로 한 말은 이렇다. "또 다른 사람이 여기 있도다. 나는 키가 크고, 이브 그대는 작다. 나는 덩치가 크고 그대는 작다. 우리는 깊이깊이 사랑할지니." 아담이 계속 이브의 젖가슴을 삿대질하는 바람에 산통이 깨지기는 했지만, 어떤 상황인지는 알겠지? 키가 크고 작고는 다른 사람과 대봐야 알 수 있다는 말이다.

사람들은 대개 자기 주변에 있는 사람들을 보면서 자기 키를 판단한다. 미국 성인 남자의 평균 키는 175센티미터, 성인 여자는 164센티미터다(한국 성인 남자의 평균 키는 170센티미터, 성인 여자는 157센티미터—2004년 산업자원부 《제5차 한국인 인체치수조사사업 보고서》). 하지만 다른 나라에서 살거나 몇백 년 전으로 거슬러올라가면 주변 사람들의 평균 키가 완전히 달라질 것이다.

나라마다 다른 키

인구 집단 내에서 개개인의 키를 결정하는 요소는 유전이지만, 전체 인구 집단의 평균 키를 좌우하는 것은 영양과 환경이다. 따라서 영양 상태와 의료 수준이 좋은 곳에 사는 사람들은 키가 더 크다.

키는 상대적이다

에페 족과 바수아 족의 세계에서는 남자 키가 175센티미터이면 거인 축에 든다. 남자 평균 키가 145센티미터, 여자가 137센티미터로 세상에서 가장 작은 사람들이니까.
수단 남부 딩카니톨레스 족한테는 키가 175센티미터인 남자는 난쟁이 취급을 받는다. 남자 평균 키가 183센티미터, 여자가 168센티미터로 세상에서 가장 큰 사람들이거든.

기후도 한몫한다. 키가 작은 사람은 팔다리가 짧아서 에너지를 덜 소비하기 때문에 체온을 유지하기가 수월하다. 에스키모가 따뜻한 나라 사람들보다 대체로 키가 작은 것은 이 때문이다.

아래와 같은 이유도 있을 테지만.

나라별 평균 키

나라	남자	여자
오스트레일리아	178cm	164cm
오스트리아	180cm	165cm
브라질	170cm	155cm
캐나다	180cm	165cm
중국	168cm	157cm
프랑스	173cm	162cm
베트남	160cm	147cm
네덜란드	185cm	173cm

주의

평균 키가 전부 정확한 것은 아니다. 정확한 평균 키를 알아내기란 불가능하다. 자료가 있더라도 사람들이 키를 속일 수 있으니까. 또 한 가지, 나는 과학자가 아니다.

기근과 사회 혼란을 겪고 있는 베트남은 세상에서 가장 키 작은 나라로 꼽힌다. 네덜란드 사람들은 세상에서 키가 가장 크며 (키와 덩치가) 계속 커지고 있다. 인구 절반이 비만이다.

성별과 키

신사숙녀 여러분. 신사나 숙녀나 그게 그거 같지만 실은 아주 다르다. 평균적으로 여자는 남자보다 13센티미터 작다.

역사적으로 대개는 남자만 군대를 갔고 과거의 신장 기록 중에 가장 정확한 것은 병무 기록이기 때문에, 옛날 여자들의 키는 거의 알려져 있지 않다. 또 다른 이유는…… "숙녀는 절대 키를 밝히지 않는다."

군대 얘기가 나왔으니 말인데……

북한군의 입대 연령 제한은 그대로이지만, 식량난으로 인한 발육 부진 때문에 신장 제한을 150센티미터에서 148센티미터로 낮추었다. 무척이나 무기력하고 추운 곳이니 행여나 입대할 생각 말길.

인종과 키

미국에서 백인 남자와 흑인 남자의 평균 키는 나머지 인종보다 크다.

여자는 흑인이 가장 크다. 이것이 인종 화합과는 무슨 관계가 있을까? 아마도 없을걸.

키는 하루에도 몇 번씩 바뀐다

지구에 사는 이상 어쩔 수 없다. 거짓말 아니다! 낮에는 중력이 우리 몸을 잡아당기기 때문에 키가 0.3센티미터에서 3.8센티미터까지 줄어든다. 그러다 밤에 자는 동안 다시 늘어나는 것이다. 유명인사들은 키가 커보이게 하려고 아침 일찍 사진을 찍는다. 반면에, 일반인은 샤워하는 동안 사진 촬영을 당한다. 정부의 음모.

옛날 사람들의 키

베토벤이 163센티미터밖에 안 되었다고 말해주면 으레 이런 반응이 돌아온다. "뭐라고? 정말이야? 뭐, 그때 사람들은 훨씬 작았으니까." 사람들은 언제나 '그때 사람들은 훨씬 작았다' 고 생각한다. 사실 맞는 말이다. 하지만 단순히 큰 키의 이상향을 향해 쭈욱 진화하는 것은 아니다.

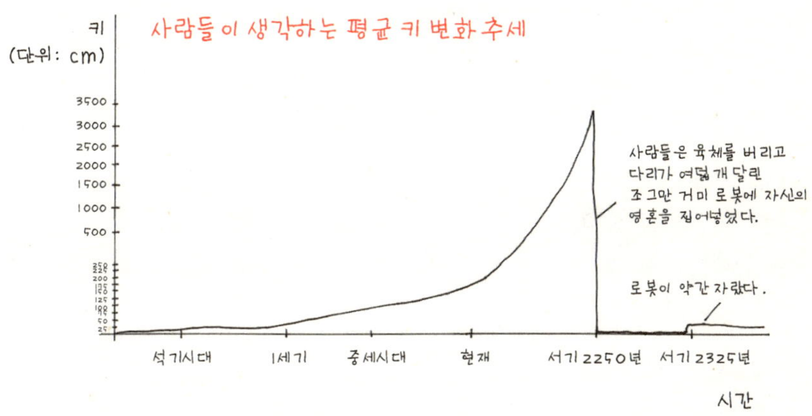

최초의 인류

원시인류가 현생 인류의 직계 조상인지는 논란의 여지가 있지만, 온갖 호미니드 화석을 연구한 결과에 따르면 원시인류라고 해서 우리보다 훨씬 작지는 않았다. 하지만 유머 감각은 훨씬 풍부했다. 다음은 원시인들의 유머 하나.

호모 에렉투스

호모 사피엔스

원시인 1: (동굴 입구에서) 똑똑.

원시인 2: 도망쳐! 똑소리 나는 녀석들이 공격하고 있어!

중세에서 현대까지

1000년 전에 영국을 정복한 샤를마뉴 대제는 선키가 해발 183센티미터에 달한 탓에 스톤헨지의 거석으로 착각하는 사람이 많았다. 700년 뒤 바스티유 감옥을 습격한 프랑스인들은 키가 152센티미터에 몸무게가 45킬로그램밖에 나가지 않은 탓에 버터를 바른 맛있는 바게트로 착각하는 사람이 많았다.

산업혁명

석기시대 이래로 키가 확 달라진 적은 없지만, 지난 200년 동안 꾸준히 커진 것은 사실이다. 하지만 18세기 산업혁명 때만은 예외다. 이때는 사람들이 작아졌다. 노동시간이 길어지고 식료품 가격이 오르자 사람들은 고약한 냄새를 풍기고 건강도 나빠졌으며, 이 때문에 키가 작아진 것이다(냄새가 고약할수록 키가 작다는 것은 상식이다).

평원 인디언

19세기 중반, 세상에서 키가 가장 큰 사람들은 북아메리카 평원 인디

인체계측학

인체계측학자들은 인구 집단의 키 변화를 조사하여 시대별로 주요한 경제 · 환경 요인을 분석한다. 이를테면 프랑스혁명 당시 프랑스인의 키가 작았다는 사실로부터 사람들이 돈이 없었음을 알 수 있다. 당시에 제트 스키 판매가 극히 저조했던 것은 이 때문이다. 사이비과학이 또 한 건 올렸군.

언이었다. 저지방 · 고단백의 버팔로 고기가 얼마든지 있었으며, 한곳에 1년 이상 머물지 않은 덕에 인구가 밀집한 도시에 창궐하는 유행병을 피할 수 있었기 때문이다. 따라서 평원 인디언에게는 앞으로 좋은 일만 생길 것이라고 예상할 수 있다.

현재 미국

과거에는 도시가 성장할수록 키가 작아졌다. 도시 지역의 인구 과밀과 질병 증가 때문이었다. 하지만 지금은 돈이 키를 좌우한다. 가난한 나라일수록 사람들 키가 작다.

신기한 사실은 제2차 세계대전 이후에 (나라가 부유해졌는데도) 미국인들의 키가 부쩍 크지 않았다는 것이다. 빈부 격차가 너무 심해서 백만장자 몇 명 가지고는 평균 키에 영향을 미치지 못했거나, 패스트푸드를 먹느라 성장기 발육에 필요한 영양을 제대로 섭취하지 못했기 때문일지도 모른다. 아직 분명한 해답은 나와 있지 않다. 하지만 어느 쪽이든 미국이 난쟁이 나라로 바뀌고 있는 것은 분명하다.

플로레스의 호빗

가죽점퍼에 모터사이클을 타고 있는 당신 모습을 상상해보라. 집 앞 막다른 골목에서 갑자기 핸들을 잘못 꺾고 보니 이곳은 1만2000년 전에 아시아와 오스트레일리아 중간에 존재했던 플로레스 섬 아닌가. 이곳 사람들은 당신이 꽤나 근사하다고 생각한다. 당신은 현대 영어를 할

줄 아는 사람과 친구가 된다. 친구가 근처 섬 이야기를 들려준다. 사람들은 키가 90센티미터도 안 되고 코끼리는 말보다 조금 클 뿐이고 쥐가 말만 하고 말은 코모도왕도마뱀보다 작은 곳. 이제 천천히 눈을 뜬다. 여기가 어디지? 이곳은 우주? 아무런 경고도 없었지만 이미 너무 늦었다. 그러게 헬멧을 썼어야지. 그런데 잠깐, 이거 꿈이잖아.

당신이 꿈에서 본 섬은 실제로 존재한다. 2003년에 오스트레일리아와 인도네시아 인류학자들은 인간이라기보다는 호빗에 가까운 인종이 살았다는 증거를 발견했다. 새로운 종은 '호모 플로리엔시스'(플로레스의 인간)로 명명되었다.

화석으로 보건대 호모 플로리엔시스는 키가 90센티미터를 조금 넘고 몸무게는 25킬로그램가량이었다. 피그미족은 명함도 못 내민다(피그미

족의 키는 150센티미터를 약간 밑돈다). 호모 플로리엔시스는 뇌가 작고 턱이 돌출하지 않고 아래팔뼈가 비틀려 있었다(나무를 타고 나무 위에서 살기 위해서였을 것이다). 우리 조상으로 여겨지는 호모 에렉투스보다 뇌가 작기는 했지만 이들도 불로 요리를 하고 새끼 스테고돈(난쟁이코끼리의 일종)을 사냥하고 도구를 만들었다.

더 흥미로운 사실은 이들이 적어도 1만2000년 전까지 지구상에 살고 있었다는 것이다. 그러다 화산 폭발로 사라져버린 것으로 추정된다.

어떤 과학자들은 이들이 식량을 구하기 힘든 조그만 섬에서 적응하느라 몸집이 작아졌을 거라고 생각한다. 또 어떤 과학자들은 대나무 뗏목을 타고 이 섬에 흘러들었을 때부터 이미 작았다고 주장한다.

호모 플로리엔시스가 인류와 다른 종인지, 아니면 호모 사피엔스의 일종이지만 질병에 걸려서 몸집이 작아지고 뼈가 뒤틀리고 뇌가 작아진 것인지에 대해서는 여전히 논란이 분분하다. 이번 발견이 과학적으로 어떤 의미인지는 모르겠지만, 우리가 정상이라고 간주하는 것이 과연 실제로 정상인지 심각하게 따져볼 기회인 것만은 분명하다.

늘어나는 것도 순식간, 줄어드는 것도 순식간

누구나 세 살 때는 자기 키의 절반이다.
—레오나르도 다 빈치

우리는 얼마나 빨리 자랄까?

사람은 엄마 배에서 나와 세 살이 될 때까지 엄청난 속도로 자라며 그 뒤로는 성장 속도가 해마다 약 3.8센티미터로 안정된다. 그러다 사춘기가 되면 다시 한 번 키가 부쩍 큰다(해마다 5~8센티미터씩 자란다). 이따금 사춘기가 지난 뒤에도 조금씩 자라는 경우가 있다. 그러나 나이가 들면 키가 줄어들기 시작한다. 노인들이 뿌루퉁한 표정으로 헐렁한 옷을 입고 낡은 모자를 쓰고 있는 것은 이 때문이다.

우리는 얼마나 빨리 줄어들까?

몸이 늘어나는 속도를 좌우하는 것은 다리의 성장이지만, 몸이 줄어드는 것은 척추가 얼마나 쪼그라들고 굽는가에 따라서 달라진다. 척추가 곧게 뻗었는데 다리가 짧아지고 있다면, 어서 피해! 지금 모래에 빠져들고 있잖아!

마흔이 되면 키가 줄어들기 시작한다. 이때부터 척추뼈 사이에 있는 추간판이 납작해지기 시작한다. 또 다른 원인은 골다공증이다. 엉성해진 뼈 조직은 한 번 무너지면 복원되지 않는다. 키가 작아지기 시작하더라도 걱정하지 말라. 그래도 갓난아기였을 때보다는 훨씬 크잖아.

최고의 꺽다리와 최고의 땅딸보

제리 사인펠드: 핫도그 드려요?
로드 아일랜드: 괜찮아요. 몸무게가 신경 쓰여서요.
제리 사인펠드: 저는 키가 신경 쓰이는데.
의사는 제가 더 크는 것을 원하지 않아요. -《사인펠드》

시대별 평균 키를 알게 된 뒤에도 자신의 키가 너무 작거나 크다고 생각한다면…… 계속 읽어보라. 아래 나오는 사람들은 틀림없이 당신보다 크거나 작을 테니까. 그래도 별 느낌이 없다면…… 그래도 계속 읽어보라. 뒤에 쿠폰과 애인구함 광고가 잔뜩 실려 있다.

가장 키가 작은 여자

루시아 사라테는 키가 51센티미터였으며 어른이 된 뒤에도 몸무게가 2.3킬로그램을 넘지 않았다. 어떻게 보면, 내가 방금 먹은 스테이크도 2.3킬로그램은 넘을 텐데 말이다. 내가 이 책을 쓰고 있는 컴퓨터 높이가 정확히 51센티미터다. 그렇다면 스테이크 다섯 장만 한 컴퓨터를 먹은 셈이군. 나는 스테이크에 사인을 한 다음, 나를 숭배하는 팬에게 선물로 주었다. 이제 감이 좀 오려나?

루시아는 1864년에 멕시코 산카를로스에서 태어났는데, '이 시대 최고의 불가사의' 이자 '꼭두각시 여인' 으로 불렸다.

가장 키가 작은 남자

키 56센티미터의 굴 모하메드는 살아서 움직이는 남자 중에 가장 작았다(남자 중에 더 작은 사람들도 있었지만 이들은 걷지 못했다). 여느 난쟁이와 마찬가지로 그의 가족은 키가 정상이었다. 하지만 굴은 나머지 가족을 전부 합친 것보다 몸무게가 더 나갔다고 한다(마지막 주장은 말도 안 되지만 또 다른 난쟁이 캐리 에이커스였다면 그럴 법도 하다. 키가 89센티미터밖에 안 되었지만 바넘 서커스에서 공연할 때 몸무게가 136킬로그램이나 나갔으니까).

가장 키가 작은 쌍둥이?

헝가리인 멀튜시 마티너와 벨러 마티너는 키가 각각 76센티미터밖에 안 되는 쌍둥이다. 제1차 세계대전 기간에는 함께 전쟁 채권을 팔았고 '마이크와 아이크 캔디' 라는 이름으로 공연을 했다(과자 '마이크앤드아이크 캔디' 는 둘의 이름을 딴 것이다). 둘은 《오즈의 마법사》에서 먼치킨으로 출연했다. 기록상으로는 러요스까지 해서 세쌍둥이였다고 한다. 러요스는 '리오' 라는 이름으로 통했으며 역시 먼치킨 역을 맡았다. 이게 사실이라면 마티너 형제는 세상에서 가장 작은—또한 가장 의심스러운—세쌍둥이다.

가장 키가 작은 부부

더글러스 메스트르 브레게르 다 실바(89cm)는 클라우디아 페레이라 로샤(91cm)와 결혼했으며 둘은 세상에서 가장 작은 부부가 되었다(바넘 서커스에서는 더 작은 부부도 있다고 주장하지만, 서커스 세계는 과장—아니 과단(誇短)—으로 악명이 자자하다).

가장 키가 큰 영화배우

바트 '더 베어'는 키가 290센티미터였으며 《디 엣지》, 《가을의 전설》 같은 블록버스터 영화에 출연했다. 두 영화에서 모두 곰 역을 맡았다(바트는 진짜 곰이다).

지금까지 그린 것 중에서
가장 작은 유한마담을
1000배 확대한 그림

서커스, 막간극, 오프닝 공연

사람을 평가하는 것은 몸이 아니라 마음이다.
-체마(바넘 쇼 단원)

어서 나와! 우리 동네에 서커스가 들어왔어! 농담이다. 이건 책일 뿐이야. 키 작은 사람은 대부분 서커스, 특히 '엽기쇼'와는 거리를 두고 싶어 하지만, 이들은 서커스의 역사에서 중요한 부분을 차지했다. 우리의 공로를 무시할 수야 없지.

사실 서커스 이야기만으로도 책 한 권을 쓸 수 있을 정도다(메모: 서커스 이야기를 책으로 쓰는 사람에 대한 이야기를 책으로 쓸 것. 제목은 '코끼리의 눈물').

막간극, 일명 '바넘의 진기명기 쇼'

막간극과 엽기 박물관에서 가장 인기 있는 것은 균형 난쟁이다(당시에는 '미짓'이라고 불렸다. '미짓'은 요즘은 경멸적인 표현으로 통하는데, '엽기쇼' 시대에 만들어진 표현이기 때문이다).

난쟁이는 대부분 머리와 몸통은 정상 크기이고 팔다리가 짧지만, 균형 난쟁이는 말 그대로 균형이 잡혀 있다. 균형 난쟁이는 작게 태어나는 것이 아니라 이른 나이에 성장이 멈춘 것이다. 일반적으로 키가 147센티미터 이하이면 난쟁이로 분류한다.

균형 난쟁이 중에서 가장 유명한 인물은 찰스 셔우드 스트래턴이다(그는 바넘에게 유명세를 안겨주었으며 자신 또한 바넘 덕에 유명세를 탔다).

엄지손가락 톰 장군과 그의 아내 러비니아

찰스는 1832년 1월에 태어난 것으로 되어 있지만 실제로는 1838년 1월 4일에 태어났을 것이다. 이런 오해가 생긴 이유는 피니어스 바넘이 찰스를 처음 선보일 때 코네티컷 출신의 다섯 살 소년 찰스 셔우드 스트래턴이 아니라 영국에서 온 열한 살 소년 엄지손가락 톰으로 소개했기 때문이다. 바넘은 난쟁이가 나이가 많고 유럽에서 왔다고 해야 미국인들이 좋아한다고 해명했다.

> 톰은 나폴레옹 흉내로 이름을 날렸다. 특히 영국인 관객들이 좋아했다. 나폴레옹도 무덤 속에서 박수를 보냈으리라!

톰은 키가 64~71센티미터였으며 빅토리아 여왕(여왕은 톰에게 셰틀랜드 조랑말 네 마리가 끄는 작은 마차와 어린 마부를 하사했다)을 비롯한 숱한 명사 앞에서 노래를 부르고 재주를 부렸다. 그는 바넘이 사상 최고의 막간극 진행자가 되도록 도왔다. 톰은 바넘 쇼의 동료 난쟁이 메리 러비니아 워런 범프와 결혼했다(그는 사랑을 쟁취하기 위해 연적 카머도 넛을 물리쳐야 했다). 결혼식은 장관이었다.

아이까지 삼인조?

어느 날 톰 부부가 딸을 안고 있는 사진이 유명 잡지에 공개되었다. 아기는 출생 당시 몸무게가 1.4킬로그램이었으며, 첫돌을 맞아 유럽 박람회에 나갔을 때에도 3.5킬로그램밖에 나가지 않았다고 보도되었으나 뉴욕에서 두 살 반 나이로 죽었다고 한

다. 톰 부부는 아이가 없었는데 이렇게 상세한 기사가 나가다니, 뭔가 이상하지 않은가? 실은 바넘이 다른 사람 아기를 데려다 사진을 찍은 것이다. 서커스 업계가 원래 이렇다.

세기의 결혼식도 속절없이 엄지손가락 톰은 죽고 말았다. 백년해로의 꿈은 수포로 돌아갔다. 러비니아는 매그리 백작(81cm)과 재혼했는데, 그도 균형 난쟁이 연예인이었다(그는 정상 키 여자와의 혼인 빙자 간음죄로 체포된 적이 있다).

그 밖의 서커스 스타

난쟁이 공연은 성황을 이루었다. 아래는 이름난 땅꼬마 스타들이다.

카머도 넛	아툼 소령
위니 위 공주	닷 제독**
로즈버드 백작*	리틀핑거 남작
위 위 공주	꼬마 에스키모 숙녀
엘도라도 난쟁이	카머도 푸트

엄지손가락 톰의 이름은 영국 전래 민요에서 따왔다. 노래는 이렇게 시작한다. "아더 왕의 궁전에 엄지손가락 톰이 살았지……." 노래에 나오는 엄지손가락 톰은 진짜 엄지손가락만 해서 스위스 치즈 구멍에도 들어갈 수 있을 정도였다. 하지만 균형 난쟁이들이 왕궁에서 시중을 든 것은 사실이다.

* 나중에 '매그리 백작'으로 개명
** 이따금 고션 대령(일명 '아라비아 거인')과 동반 출연

오프닝 공연, 일명 '왕실 서커스'

로마제국 시대에는 균형 난쟁이 수요가 검투사, 연예인, 노예 못지않았기 때문에, 아이를 굶기든 어쨌든—발만 묶는 중국의 전족과 달리 온몸을 묶지 않았을까?—성장을 제한하여 난쟁이를 만들었을 것으로 추측된다.

> 라틴어에는 난쟁이를 가리키는 말이 두 가지 있다. '나누스'는 타고난 난쟁이이고 '푸밀로'는 난쟁이 애호가인 괴짜 로마인들이 '만든' 난쟁이다.

로마 황제와 유럽 군주들은 난쟁이를 '애완용'으로 키우기도 했다(중요한 사실은 통치자 자신도 일부는 난쟁이였다는 것이다. 확실한 근거는 없지만). 왕실의 애완용 난쟁이 중에서 가장 파란만장한 삶을 산 사람은 제프리 허드슨일 것이다.

허드슨 강을 건너리: 별로 좋은 생각이 아닌걸

제프리 허드슨(1619~1682)은 파이 속에 담긴 채 찰스 1세의 궁전에 배달되었다. 믿기 힘든 그의 인생 역정을 몇 가지만 살펴보자.

* 왕녀 헨리에타 마리아가 찰스 1세와 결혼한 직후의 일이다. 상에 차려놓은 파이 속에서 46센티미터의 젊은 허드슨이 뛰쳐나왔다(물론 파이와 함께 굽지는 않았다. 미치지 않은 다음에야). 첫눈에 반한 왕비는 그 뒤로 허드슨의 든든한 후원자가 되었다.
* 1940년대 후반, 파리에 유배 중이던 허드슨은 크로프츠에게 결투를 신청했다. 크로프츠는 허드슨을 조롱하는 의미로 결투장에 물총을 들고 나타났다가 허드슨의 총에 목숨을 잃었다.
* 허드슨은 도주하던 중에 해적들에게 납치되어 노예로 팔렸다. 10년

뒤 영국에 돌아온 허드슨은 불가사의하게도 53센티미터나 더 자라 있었다.

★ 플랑드르의 초상화가 안토니 반 데이크가 허드슨의 초상화를 그렸다. 그림이 너무 슬퍼서 관객은 자신의 단점을 떠올리지 않을 수 없었다고 전해진다. 그도 그럴 수밖에, 초상화는 거울이었으니까. 실은 진짜 초상화가 따로 있다. 쿨한 유머, 아닌가?

동물계의 꺽다리와 땅딸보

지구상에는 사람만 사는 것이 아니다. 동물도 어엿한 지구촌 주민이다. 물론 키는 종마다 제각각이지만. 지금 울적한 기분이라면, 인간은 지구에 사는 동물 99퍼센트보다 더 크다는 사실을 떠올려보라! (물론 곤충과 세균을 포함해서.)

아래 동물과 당신의 키를 비교해보라.

- **침팬지**: 인류와 가장 가까운 친척 동물인 침팬지는 키가 70~100센티미터 사이이다. 명심하라, 침팬지는 우리의 친척이라는 것을. 그러니까 침팬지와는 (법적으로) 결혼할 수 없다는 뜻이다. 제발 명심하라.
- **가장 큰 원숭이**: 만드릴원숭이 수컷(즉 남자 유인원)은 키가 60~76센티미터에 꼬리 길이가 5~8센티미터다. 만드릴원숭이는 얼굴이 못생겼지만 아름다운 색깔을 지니고 있다.
- **가장 작은 원숭이**: 다 자란 피그미마모셋원숭이는 몸무게가 120그램에 키가 13센티미터밖에 되지 않는다. 크기만 본다면 상상할 수도 없는 일이지만…… 녀석은 공중으로 5미터나 뛰어오를 수 있다.
- **가장 큰 기생충**: 다음에 누가 당신을 '기생충' 이라고 욕하면 광절열두조충을

말하는지 폐포자충을 말하는지 물어보라. 전자라면 이건 욕이 아니라 칭찬이다. 물고기와 사람의 작은창자에 기생하는 이 녀석은 길이가 9~18미터나 되니 말이다. 후자라면 이건 입에 담기도…….

- **가장 큰 육상 동물**: 다 자란 아프리카코끼리 수컷은 키가 3~3.7미터에 달한다. 물론 신발도 신지 않은 채로.
- **곰**: 가장 작은 곰인 말레이곰은 키가 91~137센티미터인 반면 북극곰은 3.4미터, 큰곰은 2.7미터까지 자란다. 영화관에서 앞 사람이 시야를 가린다면, 곰 영화관에서 큰곰 뒤에 앉은 말레이곰으로 태어나지 않은 것을 감사하라(곰 영화관에서는 북극곰 예술영화만—자막과 함께—줄창 틀어준다).
- **가장 큰 선사시대 설치류**: 포베로미스 파테르소니('패터슨의 두려운 쥐'라는 뜻으로 발견자의 이름에서 따왔다)는 몸무게가 680킬로그램에다 몸집이 버팔로만 했으리라 생각된다. 거대한 이빨은 선사시대 케이블 TV의 선을 갉아 내기에 제격이었다.
- **뱀**: 대다수 동물은 똑바로 서지 못하기 때문에, 키를 재는 것이 언제나 적절한 비교 방법은 아니다. 이를테면, 사람은 최장신 뱀 아나콘다보다 키가 더 크지만 포동포동한 9~10미터짜리 뱀이 당신을 휘감고 있다면 키가 무슨 상관이랴.

- 사람에게 기억 상실증을 일으키는 가장 작은 생물: 단세포 생물인 유각와편모조류는 길이가 0.018밀리미터가량이다. 게다가…… 음…… 내가 무슨 말을 하고 있었지? 이봐요, 여기가 어디죠? 내 이름이 생각이 안 나!
- 벌레: 아프리카의 '거인' 노래기는 길이가 고작 3~38센티미터다. 그리고 '황제' 전갈은 25~30센티미터다. 거인과 황제 사이에서, 왠지 기분이 좋아지는걸.

바닷속 괴물

지구상의 생명체 중 80퍼센트는 물속에 산다. 육지와 바다를 통틀어 가장 큰 동물은 흰긴수염고래인데, 녀석은 길이가 24미터에 몸무게는 코뿔소 40마리와 맞먹는다. 지구상에서 가장 작은 포유류인 키티돼지코박쥐보다는 1억 배나 더 크다.
가장 큰 어류는 고래상어로 몸길이 12미터에 몸무게가 11톤이나 나간다. 가장 작은 해마는 피그미해마(16밀리미터)다. 해마도 '말'이지만 타기가 쉽지는 않을 것이다. 고래상어를 타는 것도 굳이 권하지는 않는다.
자이언트켈프는 세상에서 가장 빨리 자라는 식물이다. 따뜻한 물에 넣어두면 하루에 60센티미터씩 자라기도 한다. 나도 하루에 60센티미터씩 자랄 수만 있다면! 식물이 되더라도?

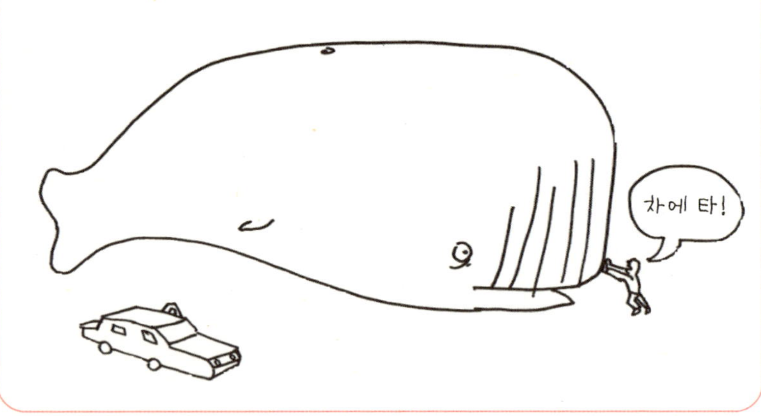

- 가장 작은 고양이: 푸른점박이 히말라얀고양이 수컷 팅커토이는 키가 7센티미터에 길이가 19센티미터였다.
- 가장 작은 새: 쿠바 벌새는 길이가 5.7센티미터인데 어떤 새보다도 날갯짓이 빠르다.
- 가장 큰 새: 키가 2.7미터인 북아프리카 타조는 (날아서가 아니라) 자라서 하늘에 닿으려고 용을 쓴다.
- 황새: 아프리카황새는 키가 1.5미터로 아기를 배달하기에 충분하다.

우주의 꺽다리와 땅딸보

피거보그	7.43엘모
범버구그	8.9글래츠고그
니니니니니주	14.1두디디
니니니니니투	26,000,000,000엘모
빅스베이퍼커브	112센티미터

외계인의 키 FAQ

가장 작은 외계인은 무엇입니까?

범버구그입니다.

가장 큰 외계인은 무엇입니까?

빅스베이퍼커브입니다.

외계인끼리도 키 가지고 차별합니까?

외계인은 키로 차별하지 않습니다. 촉수 개수를 가지고 차별합니다.

키와 촉수 개수 사이에 관계가 있습니까?

촉수 개수는 환경이나 키와는 상관없는 유전 형질입니다.

이런 거지 같은 정보를 어디서 들으셨나요?

내 동생이 외계인이다, 이 멍청아.

세상에서 가장 큰 것과 가장 작은 것

고민은 잠시 접어두고 온 세상 무생물과 우리의 키를 비교해보자.

- **가장 높은 산**: 해수면에서 높이를 잰다면 에베레스트 산이 8848미터로 가장 높다. 산기슭에서 꼭대기까지 높이로 따지면 하와이의 마우나케아 산이 10,204미터로 가장 높다(해발 고도는 4205미터밖에 안 되지만). 메아리 소리로 산의 높이를 알 수 있느냐고? 아니, 정신이 나갔다는 걸 알 수 있다.
- **사람이 만든 가장 깊은 구멍**: 러시아 북극해 연안의 자폴랴르니에 있는 지질탐사 시추공은 12,260미터를 파고 들어간다. 어디선가 이 이야기를 읽고 중국으로 통하는 구멍을 뚫기 시작한 녀석, 지금쯤 기진맥진했겠지.
- **가장 작은 것**: 쿼크와 렙톤은 가장 작은 입자다. 원자가 얼마나 작은지 상상해보라. 거기에다 쿼크와 렙톤이 이 원자를 이루고 있는 모습을 상상해보라. 당신은 지금 진리를 상상하고 있는 것이다.
- **가장 긴 호박**: 독일 하겐에서는 2.2미터짜리 호박이 자랐다. 당신보다 크다고 뻐기는 사람들은 자신이 호박보다 작다는 사실을 깨달아야 한다.

• 가장 짧은 시:

태곳적 세균에 대한 시

아담

뱃속에.

–스트릭런드 길리언

또 다른 경쟁작

나,

우리.

–무하마드 알리

나

왜?

–찰스 기냐

• **역사상 가장 긴 하루**: 지구의 자전 속도가 달의 중력 효과로 인해 100년마다 0.02초씩 느려지기 때문에, 날이 갈수록 (아주 조금씩이지만) 하루가 길어진다. 따라서 가장 긴 하루는 바로 오늘이다! 그러니까, 당신이 스무 살이라면 당신 부모가 스무 살이었을 때보다 실제로 나이가 더 들었다는 말이다. 무슨 뜻이냐면? 그래, 맞아!—언젠가는 자식이 부모보다 더 늙는다는 것이다.
• **역사상 가장 짧은 하루**: 즐거울 때는 시간이 쏜살같이 흐른다. 따라서 내 생애 가장 짧았던 하루는 아빠 따라 과자 공장에 가서 일했을 때다.

- **가장 높은 건물:** 타이완에 있는 타이베이 101은 높이가 508미터다. 다행히도, 엘리베이터가 설치되어 있다. 안타깝게도, 엘리베이터는 2층까지밖에 안 간다. 다행히도, 2층이 지상 457미터에 있다. 안타깝게도, 2층에는 용이 우글거린다(현재는 2010년 1월 아랍에미리트에서 개장한 162층, 828미터의 '버즈 칼리파'가 가장 높은 건물이다-옮긴이).
- **가장 작은 자동차:** 과학자들은 너비가 4나노미터인 자동차를 제작했다. 바퀴는 버키볼(정식 명칭은 '벅민스터플러린'이며 탄소 원자 60개로 이루어진 구형 분자-옮긴이)로 만들었다. 이 자동차를 만든 목적은 아주 작은 공간에 분자 원료를 실어 날라 아주 작은 나노공장을 짓기 위해서다. 잘됐군, 이제 나노공장의 온갖 좋은 일자리는 외국인 나노노동자 차지가 될 테지. 과학자 양반, 고맙수!
- **가장 짧은 자동차 여행:** 뉴욕 쿠퍼즈타운에 있는 야구 명예의 전당으로 가족여행을 떠나던 참이었다. 내가 동생과 하도 싸워대는 통에, 큰길에 나가기도 전에 아버지가 차를 돌려버리셨다. 그나저나 쿠퍼즈타운 정말 근사하다며?

세상에서 가장 짧은 장

안녕하세요!

PART TWO

키차별

작은 키의 설움

"이 난쟁이야, 꺼져버려.
발에 채이는 마디풀로 만든 이 하찮은 년아.
이 콩알, 도토리야……."
-《한여름 밤의 꿈》에서 헬레나가 전(前) 절친인 꼬맹이 허미아에게

키 차별

작은 키를 상대적인 관점에서 보면서 기분이 좀 나아졌다면, 애초에 기분이 나빴던 이유를 솔직히 얘기해보자. 좋아하는 사람이 당신을 싫어해서 그랬지? 농담이다. 당신, 사랑이 뭔지도 모르잖아. 사랑 한번 해보라. 얼마나 신나는데.

실은, 작은 키가 기분 나빴던 진짜 이유는 키 차별 때문이다. 사람들은 일부러든 몰라서든 언제나 키 작은 사람을 차별한다.

키 차별(캐닌이 'smallotry'라는 멋진 신조어를 만들었는데 왜 안 쓰냐고? 내가 안 만들었으니까-옮긴이)은 삶의 구석구석에 영향을 미친다. 일터에서, 텔레비전에서, 노래에서, 애인에게서, 우리가 탈 수 없는 놀이기구에서 우리는 차별을 실감한다. 우리 사회의 키 차별을 속속들이 살펴보려면 계속 읽어보라. 세상에서 가장 작은 것들을 속속들이 살펴보려면 뒤로 돌아가라.

놀이동산의 신장 제한

- 식스플래그(뉴저지)
  슈퍼맨 얼티밋 플라이트 ········· 137~193센티미터
- 패러마운트 그레이트 아메리카
  탑건 ········· 137센티미터 이상
- 샌타크루즈 비치 보드워크
  자이언트 디퍼 ········· 127센티미터 이상
- 월트 디즈니 월드
  스페이스 마운틴 ········· 112센티미터 이상
- 파리 디즈니랜드
  사이버스페이스 마운틴 ········· 130센티미터 이상
- 레고랜드
  레고 테크닉 테스트 트랙 ········· 107센티미터 이상
  (157센티미터 미만은 157센티미터 이상인 사람과 함께 타야 함)
- 노츠베리 팜
  몬테주마의 복수 ········· 122센티미터 이상

작은 키 전용 놀이동산

림보 게임	163cm 이하
지하철 개찰구 아래로 지나가기	173cm 이하
땅 위를 기어다니는 롤러코스터	127cm 이하
소관람차	152cm 이하
천장을 낮춘 회전목마	132cm 이하
편안하고 느린 마테호른 봅슬레이	102cm 이하
기사 딸린 노인용 범퍼카	147cm 이하

별명

누구나 어릴 적에 놀림을 당한 경험이 있을 것이다. 당신도 그렇고 나도 그렇고 내 친구 로비도 그랬다(로비, 미안). 나는 어릴 때 '땅꼬마'에 '짜리몽땅'에 '쭈꾸미'에 별명이 끝이 없었다. 덩치 큰 아이들은 겁쟁이에다 교회도 안 다니는 하찮은 놈들이지만, 민감한 시기에는 녀석들의 말 한마디가 가슴을 후벼팔 수도 있다.

흔한 별명

땅꼬마	동생	애송이
난쟁이	애	짜리몽땅
새우	아기	꼬마
꼼지락	엄지공주	꼬마숙녀
땅딸보	똥자루	벌레

덩치 큰 아이가
키 작은 아이들을 정리정돈한다.

드문 별명

난쟁이 007	보잘것없는 플로렌스
성(聖) 작은 키	짜부라든 앨폰조
짧은 맥-스몰	스키틀
작은 맥-스몰	찌끄레기
옹스트롬	마다가스카르 선생
대단한 미니 박사	땅꼬마 빌
글로리아 에스테단(短)	베이비 교수
귀여운 감자	

덩치 큰 아이는 키 작은 아이의
모든 신체 부위를 활용한다.

작은 키의 반격

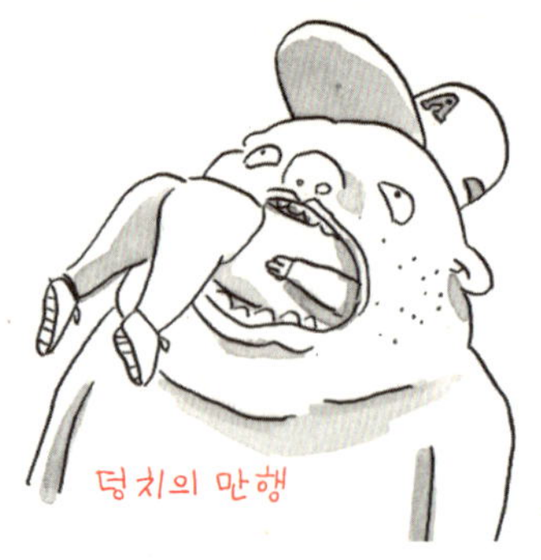
덩치의 만행

당신도 겪어봤겠지만, 덩치 큰 녀석들의 쪼잔함은 하늘을 찌를 정도다. 우리는 여기에 어떻게 대처해야 할까?

한 위대한 인물이 말했다. "카드를 바꿀 수는 없지만 게임 방법을 고를 수는 있다." 또 한 위대한 인물이 말했다. "너 투페어냐? 나 풀하우스야. 돈 다 내놔, 이 자식아."

어떠한 역경이든 이겨낼 방법이 있게 마련이지만 전부 따분한 방법뿐이다. 그럴 때면 키 큰 녀석들에게 아래 별명을 불러주라(저작권은 나에게 있다).

- 엘그란데
- 장골
- 마천루
- 창공에서 내려다 본
- 앙드레 더 자이언트(거구의 프로레슬러—옮긴이)
- 피트 더 자이언트(앙드레의 형제)
- 배꼽 아래 죽마
- 스모 크햄
- 꺽다리 짐
- 브론토사우루스 박사
- 사다리다리
- 거구
- 키커
- 기가바이트
- 코끼리
- 늪지의 괴물(만화《늪지의 괴물》에 등장하는 괴물—옮긴이)
- 커서고민
- 샬럿 브롱코

키 큰 사람과 키 작은 사람의 말다툼에 대한 사례 연구

키 큰 사람: 이봐, 난쟁이 007, 우유 좀 줘. 이런, 키가 안 닿는군. 앗! 나의 실수.
키 작은 사람: 자네는 어디나 닿을 수 있는 사다리다리라서 좋겠네. 땅만 빼고 말이지.
키 큰 사람: 이봐, 미안했어. 자네는 작지 않아. 수직 방향으로 애로 사항이 있을 뿐이지.
키 작은 사람: 커서고민, 그러는 자네는 사회 생활하는 데 애로 사항이 있잖나.
키 큰 사람: 아픈 곳을 찌르는구먼, 베이비 교수?
키 작은 사람: 이제야 내 기분을 알겠구만, 브론토사우루스 박사.

보너스: 키 큰 사람 별명(제공: 섀킬 오닐)

키 216센티미터의 섀크(섀킬 오닐의 애칭-옮긴이)는 거구의 농구 선수이며 별명이 많다. 이 중에는 섀크에게만 어울리는 별명도 있지만, 대부분은 키 큰 사람 누구에게나 붙일 수 있다.

디젤 기관차	늘여 놓은 바리 슈니 코프	대(大) 아리스토텔레스
섀크 박사*	빅대디	

⋯ 얼 보이킨스가 섀크에게 행동을 똑바로 하라며 훈계하고 있다.

* MBA를 얻은 뒤에 자기 스스로 붙인 별명(MBA는 박사가 아니라 석사 학위인데?).

자연 선택

우리 솔직해지자. 키가 크다는 것은 근사한 일이다. 키 큰 사람들은 존재감이 더 크고 듬직하며 깊은 인상을 준다. 르네상스시대에 신에게 가까이 다가가려고 지은 건축물은 단층짜리 성전이 아니라 높은 탑이었다. 키 큰 사람들은 사랑을 나누는 방법도 뭔가 다르고 매혹적이어서 키 작은 사람들을 주눅 들게 한다. 키 큰 사람들은 태어나서 죽을 때까지 하늘나라의 따뜻한 온기를 누린다(이건 아주 큰 사람들만, 그것도 드물게 누릴 수 있는 특권이다).

아니면 그렇게 보일 뿐이거나. 큰 키의 축복은 순수한 아름다움이나 신의 섭리에서 비롯하는 것이 아니다. 우리는 자연 선택 이론에서 큰 키 선호 현상의 근거를 찾아볼 수 있다.

원시적 본능

자연 선택에 따르면 동물은 자식에게 가장 좋은 유전자를 물려줄 수 있는 배우자를 고른다. 인류의 사례를 살펴보기 위해 아름다운 호모 하빌리스 여인의 이야기를 들어보자.

"저는 결혼할 나이가 됐어요. 크람푸크와 비스타카주가 제게 청혼했죠. 저는 힘센 남자가 필요해요. 검치호랑이를 잡아다 주고 다른 검치호랑이에게서 저를 지켜줄 수 있는 남자요. 우리 가족을 위해서 동굴 집을 만들려면 바윗돌을 번쩍 들어올릴 수 있어야 해요. 빚을 갚지 않는 오랑우탄과 드잡이도 할 수 있어야 하고요. 크람푸크는 난쟁이 똥자루이지만, 비스타카주는 키가 크고 체격이 우람해요. 이 모진 환경에서 제 목숨을 지켜주고 우리 가족의 식량과 안전을 책임질 수 있는 사람, 비스타카주야말로 제 남자예요. 저는 이이를 사랑하기로 했어요."-린다

앞에서 보았듯이, 거친 자연 환경에서는 큰 키가 매우 바람직하다. 큰 키는 생존에 유리하기 때문에, 큰 키 유전자는 계속 이어져 내려왔다. 하지만 키가 작다고 해서 짝을 구하지 못하는 것은 아니다. 바람직한 유전 형질은 키 말고도 많이 있기 때문이다. 내 입으로 이야기할 필요도 없다. 또 다른 (풍만한) 호모 하빌리스 여인의 이야기를 읽어보라.

"저는 육체적 매력이 넘치는 여자랍니다. 마을의 거친 사내 토그와 크루크샹크가 저를 두고 수군거리는 건 이 때문이에요. 저한테 추파를 던지거나 가죽과 머리카락 팔찌를 선물하는 남자도 많아요. 저의 펑퍼짐한 엉덩이와 풍만한 가슴은

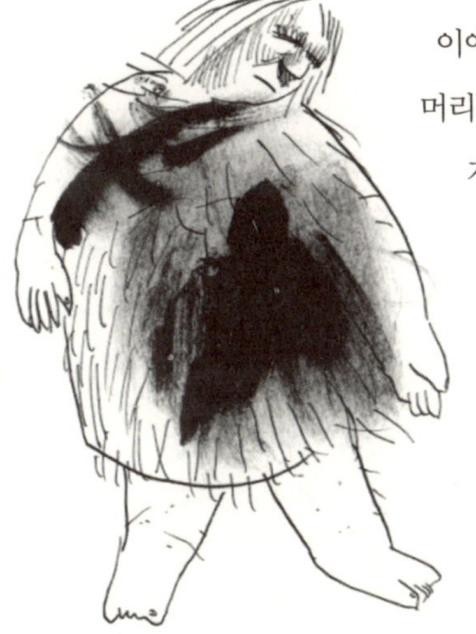
선과 결이 살아 있는 아름다운 자태.

얘는 별로.

크고 건강한 아기를 낳아 젖을 듬뿍 먹일 수 있다는 표시예요. 하지만 그중에서도 저를 특히 눈여겨보는 사람들이 있어요. 발카자르는 키가 아주 커요. 그렇게 키가 클 수 있었던 건 배를 곯거나 병을 앓지 않아서예요. 물론 저는 아이들에게 건강한 유전자를 물려줄 수 있는 남편을 원해요. 그래야 아이들도 건강하게 자라서 자식을 낳을 테니까요. 참, 우갈루그도 빼놓을 수 없어요. 키는 그다지 크지 않지만 얼굴의 좌우 균형이 꼭 맞아요. 얼굴이 대칭이라는 건 건강하다는 증거이기 때문에 마음이 끌려요. 우갈루그는 사냥 솜씨가 발카자르에 미치지는 못하지만 두뇌 회전이 빨라요. 이웃들 세금 문제를 해결해주는 대가로 식량을 얻어올 수도 있고요. 이 정도면 아이들을 먹일 수 있겠죠. 또 있어요. 가장 중요한 장점은 제 말에 귀를 기울여주고 유머 감각이 뛰어나다는 거예요. 한번은 어찌나 웃긴 이야기를 했던지 제 코에 끼운 검치호랑이 이빨이 튀어나와서 둘 다 죽을 뻔했다니까요. 우갈루그는 배를 잡고 웃더니 제게 키스했어요. 그는 입술이 무척 섹시해요. 이것도 맘에 드는 점이에요."-에밀리

현대인도 마찬가지

수천 년이 지난 지금도 상황은 별반 달라지지 않았다. 요즘에도 여자는 키 큰 남자를 보면 무의식적으로 '가족을 잘 부양하겠구나' 라고 생각한다. 매머드를 사냥하여 갖다주지는 못하더라도(어쩌면 사냥할 수 있을지도. 나는 키 큰 사람들에 대해서는 아는 바가 별로 없으며 만나면 겁부터 나서 말이지) 베이컨—현대의 매머드—을 사다 줄 수는 있을 테니 말이다.

취업과 키

키 큰 사람이 키 작은 사람보다 일자리를 쉽게 얻고 돈을 많이 벌며 빨리 승진한다는 연구 결과는 1900년대 초부터 나와 있었다. 키만 빼고 다 똑같은 이력서를 보여주었을 때, 고용주는 대부분 키 큰 사람을 고르겠다고 말했다. 이번에는 향기만 빼고 다 똑같은 이력서를 보여주었더니 대부분 딸기향을 골랐다(두 명은 육두구를 골랐으며 아주 건강한 한 명은 브로콜리를 골랐다. 보면 알겠지만, 이건 아주 중요한 연구다).

키가 크다고 해서 능력이 더 뛰어나고 창의적이고 일을 잘 한다는 근거는 어디에서도 찾아보기 힘들다(머리가 약간 이상하기는 하지만 170센티미터짜리 억만장자인 로스 페로에게 물어보라!). 그렇다면 이것은 또 하나의 키 차별에 지나지 않는 것일까? 어쩌면 그럴지도. 한 가지 이론은 고용주들이 키 작은 사람을 무의식적으로 차별하며 키 큰 사람을 타고난 지도자로 여긴다는 것이다.

키가 작아 슬픈 십대여!

최근 연구에 따르면, 직장에서의 성공 여부를 좌우하는 것은 성인기가 아니라 청소년기의 키다. 키 큰 십대는 더 근사하기 때문에 친구를 사귀고 스포츠를 즐기고 남과 어울리는 법을 배운다. 키 작은 십대는 노랑가오리를 수집하고 작은 키에 대한 책이나 써대는 루저다. 따라서 키 작은 청소년이 뒤늦게 또래보다 커지더라도 큰 키의 경제적 혜택을 누릴 수는 없다.

키 작은 사람은 자기 자신을 좋아하지 않는다

키가 크면 사람들에게 주눅이 들지 않는다(적어도 더 자신감이 있는 사람처럼 보인다). 샌드위치 카운터의 유리 칸막이 위로 주문을 하는 사람에게는, 발판 위에 올라서서 주문을 크게 외쳐야 하는 사람에게는 없는 타고난 위엄이 있다. 하지만 이게 다가 아니다.

외모와 성공의 벤 다이어그램

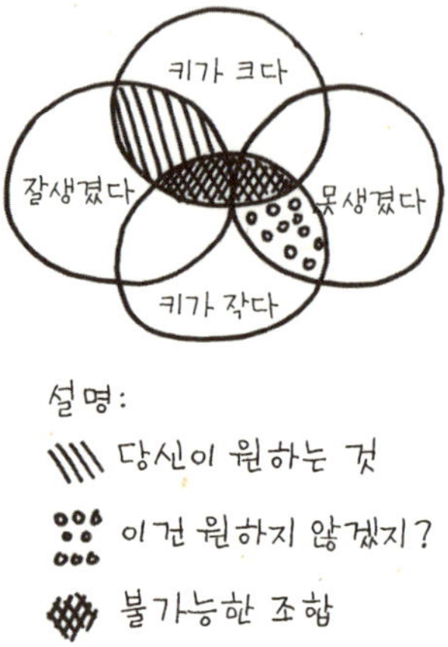

키가 크다
잘생겼다
못생겼다
키가 작다

설명:
당신이 원하는 것
이건 원하지 않겠지?
불가능한 조합

키 작은 사람은 못생겼다

큰 키는 신체적 매력의 한 요소다. 연구에 따르면, (키와 상관없이) 매력적인 사람은 그렇지 않은 사람보다 돈을 많이 벌고 일자리를 쉽게 구하며 더 빨리 승진한다.

키 작은 사람은 멍청하다

위대한 천재, 예술가, 사상가 중에는 키 작은 사람이 많지만, 앤 케이스와 크리스티나 팩슨의 최근 연구*에 따르면 키 큰 사람이 더 좋은 일자리와 더 높은 임금을 얻는 이유는 키 작은 사람보다 더 똑똑하기 때문이라고 한다. 아니, 지금 당신이 읽은 게 맞다. 이 책이 키 작은 사람들에게 힘을 주기를 바라지만 내가 엄마 노릇까지 할 수는 없지 않는

* 이 책에 과연 각주가 필요할까? 당신이 이 주석을 읽으리라고는 생각도 못했다. 미안해서 뭔가 해줘야 할 것 같은데. 음…… 뭐가 좋을까…… 아, 이거다. 내 신용카드 번호 중에서 네 개를 알려주는 거야. 4, 2, 5, 8(단, 순서는 일치하지 않음).

가? 자료를 보면 모든 연령에서 키 큰 사람의 인지 능력 검사 점수가 더 높았다. 대체 이유가 무엇일까? 나도 좀 알았으면 좋겠다. 하지만 160센티미터밖에 안 되는 나로서는 이러한 주장을 뒷받침하는 기호와 수식을 이해할 도리가 없다.

학자들의 연구는 아니지만 이런 가능성도 있다.

키 작은 사람은 술고래다

설명이 필요 없음.

키 작은 사람은 무뚝뚝하다

다 그런 건 아니지만 내가 아는 사람 중에 아주 무뚝뚝한 사람이 적어도 세 사람은 된다.

키 작은 사람은 꽃을 좋아한다

주위가 온통 꽃으로 물들고 동료들끼리 아름다운 꽃 이야기가 한창인데 어찌 일이 손에 잡히겠는가?

센티미터는 부의 바로미터

평균 키가 전부 정확한 것은 아니다. 정확한 평균 키를 알아내기란 불가능하다. 자료가 있더라도 사람들이 키를 속일 수 있으니까. 또 한 가지, 나는 과학자가 아니다.

취업 면접

그렇다면 키 큰 사람은 무조건 유리한 걸까? 키 작은 사람과 키 큰 사람의 대표적인 취업 면접 사례를 두 개씩 살펴보자. 각각 누구의 면접인지 알아맞혀보라.

장면 1

면접관: 왜 그래? 자네 부모님이잖아. 그만 좀 괴롭혀. 좋아. 어? 잠깐. 이따 전화할게. 누가 면접받으러 왔어. (전화를 끊는다)

입사지원자: (사무실에 들어선다) ……

면접관: ……

입사지원자: ……

면접관: ……

입사지원자: ……저, 안녕하십니까?

면접관: 앉게나.

입사지원자: 고맙습니다.

면접관: ……

입사지원자: ……

면접관: ……

입사지원자: ……

면접관: ……

입사지원자: 저, 무척 기대가—

면접관: 당장 꺼져.

장면 2

입사지원자: 안녕하십—

면접관: 입사를 축하합니다.

장면 3

면접관: 안녕하세요. 조그만…… 아니…… 존슨 씨.

입사지원자: 제 이름은 로스예요. 그리고 여자이고요.

면접관: 뭐라고요? 이런, 그렇군요. 그럼 그렇죠. 직장 생활을 해본 적이 없는 것 같은데 맞나요?

입사지원자: 아닌데요, 잘못 알고 계신 것 같네요.

면접관: 간단한 역할극을 해볼까요? 저랑 둘이서요.

입사지원자: 예, 알았어요.

면접관: 좋아요. 제가 화장실에서 치실로 이를 후비고 있어요. 그런데 갑자기 숨을 쉴 수가 없어요.

입사지원자: 치실 때문인가요?

면접관: 그건 모르겠어요. 치실을 많이 쓰기는 해요.

입사지원자: 치실이 목에 걸렸나요?

면접관: 조금이요. 나머지는 빼냈어요. 그건 중요하지 않아요. 저는 남자 화장실 바닥에서 숨이 막혀 뒹굴고 있어요. 주위에는 아무도 없어요. 소리를 질러도 듣는 사람이 없어요.

입사지원자: 그래서 제가 들어가 구해드리는 건가요?

면접관: 아니요, 제 목소리를 못 들어요. 병가를 냈거든요.

입사지원자: 대체 무슨 역할을 해야 하는 거죠?

면접관: 저승사자 역을 하세요. 제가 저지른 모든 죄악에 인과응보를 내리는 거죠.

입사지원자: 저……

면접관: 빨리 저를 데려가세요!

입사지원자: 이얍!

면접관: ……

입사지원자: ……

면접관: 방금 가라데춉 하셨나요?

입사지원자: 그, 그랬던 것 같은데요.

면접관: 저승사자가 가라데춉으로 최후의 일격을 가한다?

입사지원자: 맞아요. 아닌가?

면접관: 오호라, 아닌 것 같은데. (종이에 무언가를 쓴다)

입사지원자: (옷을 여미며) 저……

면접관: 그래요, 솔직히 말해서 키가 너무 작아요.

장면 4

면접관: 앉으시죠.

입사지원자: 앉아 있는데요.

면접관: 앉아 있…… 이런, 정말 앉아 있군요. 이거야 원. 이런 인재가 들어오다니!

입사지원자: 뭐라고 하셨나요?

면접관: 아니에요, 아니에요. 신경 쓰지 마세요. 어디 보자. 그러니

까, 신체조건이……

입사지원자: 키가 193센티미터예요.

면접관: 리더십에다!

입사지원자: 하이힐 신으면 198센티미터인데요.

면접관: 추진력까지!

입사지원자: 죽마 타면 269센티미터이고요.

면접관: 음, 나무랄 데 없군. 몇 가지 더 물어볼게요. 이건 그냥 형식적인 거예요.

입사지원자: 질문 싫은데.

면접관: 어렵지 않아요. 자신의 강점이 뭐라고 생각하세요?

입사지원자: 운전대만 잡으면 헐크가 돼요.

면접관: ……재미있네요. 그렇다면 가장 큰 단점은 무엇일까요?

입사지원자: 게을러요. 물도 너무 많이 마시고요. 어떤 때는 폭식을 하고 어떤 때는 쫄쫄 굶어요. 체온 조절이 안 돼요. 도마뱀처럼요. 끊임없이 칭찬을 듣고 또 그만큼 야단을 맞아야 정신을 차려요. 제가 가면 곤충들이 몰려들어요. 제가 한 섹시 하거든요. 땅이 어디 있는지 못 찾아서 5년 동안 나무 위에서 살았어요. 나무를 떠난 게 너무 슬퍼서 5년 동안은 땅속에서 살았고요. 아이디어가 떠오르면, 진짜로 전구가 박살나요. 아이디어가 떠오르지 않더라도 입으로 바람을 세게 내뿜으면 전구를 깰

수 있어요. 무지개는 절 미워해요. 저는 수백 년 전에 죽은 남자들과 사랑에 빠져요. 목요일마다 2층 버스를 전세 내서 유명 연예인들의 집을 상상 속에서 순례해요. 버스 운전석에서 코카인을 마셔서 그런 건지는 모르겠어요. 저는 마법사 멀린처럼 나이를 거꾸로 먹어요. 책을 읽으면 머리가 어지러워요. 하지만 잡지는 보면 화가 나요. 왜 책처럼 못 만드는 거죠? 저는 사형 집행에 반대해요. 아니, 사형이라는 건 존재하지 않아요. 이 눈은 양쪽 다 의안이지만, 진정한 사랑을 찾으면 다시 진짜 눈으로 바뀔 거예요. 타이타닉 이야기 들어보셨어요? 저는 한 번도 못 들어봤어요. 해마다 제 누드 사진을 붙여서 하나님께 엽서를 보내요. 답장은 한 번도 못 받았지만요. 의학용어로 말하자면, 저는 혼수상태예요. 밤이면 밤마다 복권 추첨 결과를 분석해요. 제 생각에는 날씨와 관계가 있는 것 같아요.

면접관: …… 그, 그러니까 …… 하이힐 신고 198센티미터라고 하셨죠?

입사지원자: 자동차 지붕 위에 올라서면 290센티미터라고요.

면접관: 언제부터 출근하실 수 있나요?

사무실에 부비트랩 설치하기

키 큰 사람들에게 복수할 수 있도록 사무실에 부비트랩을 설치해 볼까나

* 철사(인계철선)를 곳곳에 깔아놓는다.
* '야한 마사지 무료 →' 라는 팻말을 걸어둔다. 화살표를 따라가면 악어가 우글거리는 함정에 빠지게 된다.
* 초강력 접착제를 써서 키 큰 사람 손에 스테이플러를 붙인다.
* 초강력 접착제를 써서 키 큰 사람이 가장 아끼는 물건을 책상에 붙인 다음 사무실에 불을 지른다.
* 환각제에 취한 채 정부를 비난한다(이건 직접 해봤는데 효과는 반반이다).
* 문제는 철사를 구하기 힘들다는 것이다.
* 화장실 물을 한꺼번에 내린다. 키 큰 사람이 평소에 볼일 보고 물을 내리지 않는 사람이라면 엄청 당황할 것이다.
* 이종 교배로 끔찍한 돌연변이를 만들어낸다. 그 다음 사무실에서 제일 키 큰 사람 이름을 붙여준다.
* "빌어먹을, 존중 좀 해줘" 라고 말한다.
* "빌어먹을, 목말 좀 태워줘"라고 말한다.

키 작은 사람에게

문이 지상 90센티미터에 달려 있다
금연
키높이
구두
착용
키가 아주 작은 사람과 아주 큰 사람을 차별하기 위해 화장실에 신장 제한이 있다
이 이상은 출입 금지
이 이하는 출입 금지
공식 복장 규정: 티셔츠는 XXL, 넥타이는 90센티미터
허들
120센티미터 짜리 모래 함정
자리 너비는 양팔 간격으로

사무실은.....

짧은 팔과 짧은
목을 가진 사람에게
정수기 컵이 너무 길어
선루프
닿았지롱
기름 —
모두에게 불편함
농구부
신청
육상부
(높이
뛰기)
신청
전자레인지 고장.
키 큰 사람 소행임.
조리대가
너무 높다
의자가 너무 낮다
잘 보이지는
않지만 전화기
버튼 자리에 뚫린
좁고 기다란 구멍 밑에
버튼이 있어서, 손가락이 가늘고
기다란 사람만 전화를 걸 수 있다
키 작은 사람만
무는 개새끼

퀴즈: 키큰파(派)언론의 음모

물론 키 작은 사람이나 키 큰 사람이나 서로 미워하는 것은 똑같지만 이상하게도 사람들은 작은 키가 더 안 좋다고 생각한다. 케이스와 팩슨 말마따나(64쪽의 가짜 각주 참조) 키 작은 사람이 키 큰 사람보다 더 멍청해서일까? 지능을 모자 둘레로 측정한다면야 그렇겠지. 이런, 미안. 이 책을 대필하고 있는 키 큰 사람한테 실례되는 말을 했군(나는 옆에 앉아서 고무찰흙 놀이를 하고 있다. 그런데 머리카락에 붙은 스카치테이프가 왜 이렇게 안 떨어지지?).

진짜 이유는 언론 때문이다. 언론은 키 작은 사람을 코믹한 익살꾼, 땅딸보 조연, 우스꽝스럽게 생긴 콩알만한 미치광이, 허세를 잔뜩 부리는 나폴레옹류의 다혈질로 묘사하며, 키 작은 사람의 자부심을 망가뜨리는 일에 앞장섰다.

몇 가지 알아볼 것이 있으니 아래 퀴즈를 풀어보라. 곁눈질할 필요는 없다. 문제마다 바로 밑에 정답이 있으니까.

언론 바로 알기 퀴즈

1. 가장 웃긴 상황은?

❶ 키 큰 사람이 키 작은 사람에게 지시를 내린다.

❷ 키 작은 사람이 키 큰 사람에게 지시를 내린다.

❸ 키 작은 사람 둘이서 행복하게 살고 있다.

❹ 키 큰 사람이 바지가 흘러내리자 부끄러워 우물에 뛰어든다.

❺ 키 작은 사람이 우물에 뛰어들었다 폐렴에 걸린다. 회복된 뒤에는 자선 사업에 평생을 바친다.

정답: 이번 문제는 미끼였다. ❷번이 가장 웃기다. 키 큰 사람이 키 작은 사람 앞에서 쩔쩔맬 리는 없으니까. 나머지 보기는 서로 모순되지만 굳이 그 이유를 이해할 필요는 없다.

2. 키 작은 사람에게 가장 어울리는 영화 배역 세 가지를 고른다면?

❶ 기사	❹ 왕자	❼ 아기
❷ 왕	❺ 왕비	❽ 왕실 어릿광대
❸ 못된 왕	❻ 부부인(왕비의 친정어머니)	❾ 꽃

정답: ❸, ❻, ❽번이 가장 무난하다. 키 작은 사람은 대개 노인, 악당 또는 코믹한 등장인물을 맡으며 지도자나 귀부인은 맡지 않는다(물론 키 작은 배우가 곧잘 주인공을 맡기는 하지만). ❾번을 넣은 것은 내 손자가 학교 연극에서 꽃 역할을 했기 때문이다. 뭐? 나한테 손자가 있는지 몰랐다고? 벌써 열다섯 살이다. 그리고 여성 독자 여러분, 녀석은 아직 독신이다.

3. 길이가 가장 짧은 것은 몇 번일까?

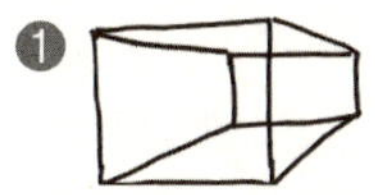
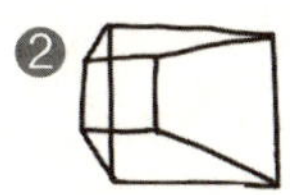

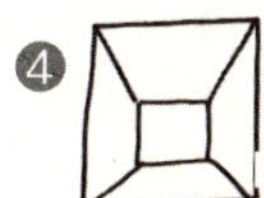

정답: 넷 다 거진 비슷하다.

4. 아래 시트콤 등장인물 중에서 자신의 작은 키를 우스갯거리로 삼는 사람은 누구일까?

❶ 《벨에어의 어린 왕자》의 칼턴

❷ 《매쉬》의 레이다

❸ 찰리 로즈

정답: 칼턴과 레이다는 작은 키 때문에 놀림 받는 캐릭터다. 둘 다 키높이 구두를 신고 관심을 끌어보려다 낭패를 본—하지만 그 과정에서 시청자에게 귀중한 교훈을 남겨주었다—일화가 있다. 찰리 로즈는 인터뷰 진행자로 명성이 자자하다. 키는 작지 않다.

5. 작은 키와 더불어 밥맛 캐릭터를 묘사하는 데 즐겨 쓰는 특징은?

❶ 뚱뚱함
❷ 대머리
❸ 화를 잘 냄
❹ 안경
❺ 냄새
❻ 호전성
❼ 게으름
❽ 큰 키

정답: ❶, ❷, ❸, ❹, ❺, ❻, ❼, ❽.

6. 정치인, 기업인, 유명 인사가 남을 놀리는 데 써먹어도 괜찮은 특징은?

❶ 인종
❷ 계층
❸ 병든 노모
❹ 성별
❺ 장애
❻ 작은 키

정답: 오로지 ❻. 정치인이 형과 단둘이 있을 때 어머니가 건강하다는 사실을 알고 있으면서 자기 형을 놀리는 경우에 한해 ❸번도 가능.

키 작은 등장인물의 이름: 텔레비전이나 영화의 등장인물 이름에 '버디'나 '버드'가 들어가면 틀림없이 키 작은 사람이다. 단, 낮 시간에 방영되는 드라마 《거대한 삶의 거인들》의 자이언트버드 버딩턴 자이언트 3세는 예외다(재크가 지어낸 드라마-옮긴이).

7. 당신이 되고 싶은 인물은?

❶ 코믹한 익살꾼

❷ 카리스마 넘치는 귀부인

❸ 인간을 도와주는 외계인

❹ 카리스마 넘치는 남자

❺ 랩을 부르며 브레이크댄스를 추는 할머니

정답: 키 작은 사람들의 명예를 회복시킬 임무를 띤 키 작은 사람으로서, 나는 당신이 자신의 성격에 따라 ❶, ❷, ❸, ❹ 중에 하나를 골랐기를 바란다. ❺를 골랐다면, 이건 정말이지…….

점수: 정답을 본 다음에 뒤로 돌아가 틀린 답으로 바꾸지 않은 이상 전부 100점을 받았을 것이다. 나는 고등학교 선생을 할 때 남들 시험지에 이런 짓을 일삼았다. 그러니까 고등학교에서 가르치는 일을 '사회봉사'로 추어올려주면 안 된다. 고등학생들이 보는 앞에서 바바리를 벗었다는 이유로 사회봉사 명령을 받은 경우라면 더더구나.* 나는 인생 여럿 망쳤다.

* 이야기가 삼천포로 빠져서 유감이다. 그래서 신용카드 번호 네 개를 더 공개한다. 6, 3, 2, 4다.

난쟁이 스타 대니 드비토

드비토(152cm)는 땅딸막하고 보잘것없는 배역을 줄기차게 맡아 명성을 쌓았다. 그는 옛날 시트콤 《택시》에서 호색한에 다혈질인 못된 직장 상사를 연기했으며, 영화 《배트맨 2》에서는 소름 끼치는 반인반수의 악당 펭귄 맨을 맡았다. 《트윈스》에서는 말 그대로 인간쓰레기였다.

《트윈스》의 간략한 줄거리

배아 두 개를 이용하여 완벽한 인간인 초인을 만들려는 의학 실험이 수행된다. 한 아기는 우성 유전자만, 또 한 아기는 열성 유전자만 모아놓았다. 아널드 슈워제네거가 연기한 줄리어스 베네딕트는 운을 타고난 쌍둥이다. 줄리어스는 키 크고 잘생겼고 다정다감하고 똑똑하다. 대니 드비토가 연기한 빈센트 베네딕트는 운 나쁜 쌍둥이다. 빈센트는 작고 뚱뚱하고 대머리인 데다 멍청하고 교활하기까지 하다. 그는 인간이 가질 수 있는 최악의 요소로 이루어져 있다. 이 영화를 만들고 제작비를 댄 사람들은 작은 키가 인간쓰레기와 통한다고 여긴 것이 틀림없다. 대니 드비토, 당신이 어떻게 이럴 수가 있지?

악당의 대명사 대니 드비토

키 작은 사람에 대한 영화를 만드는 표준 공식

키 작은 아이가 학교에 간다.

덩치 큰 녀석이 아이를 놀리고 사물함에 집어넣는다. 아이가 간신히 빠져나와 교실에 들어간다.

선생이 말한다. "마빈, 이제 들어오면 어떡하니? 수업 끝나고 남아라."

점심시간, 마빈이 키 크고 멍청하고 뚱뚱한 (자신의 유일한) 친구와 앉아 있다. 저기서 덩치가 다가와 마빈에게 누구를 좋아하느냐고 묻는다. 눈치가 빠르지 않은 마빈은 곧이곧대로 말한다. 덩치가 그 소녀에게 걸어가 마빈을 가리키며 뭐라고 이야기한다. 주위에 있던 여자아이들이 모두 킬킬거린다. 소녀가 마빈을 보더니 음식을 토하기 시작한다.

종이 울리고 마빈이 교실에 가려고 일어선다. 그런데 마빈이 좋아하는 소녀가 휠체어를 탄 채 다가온다. 소녀는 링거 주사를 맞고 있다. 소녀가 말한다. "마빈, 이게 다 너 때문이야. 땅꼬마 주제에 나한테 창피를 주고 내 삶을 망치다니. 네가 누군가를 사랑한 결과가 바로 이거야."

소녀는 휠체어 바퀴를 밀며 대기 중인 구급차로 향한다.

마빈의 키 큰 멍청이 뚱보 친구가 마빈에게 튀김을 마저 먹을 거냐고 묻는다.

체육시간, 야구경기를 하기 위해 편을 가른다. 어느 쪽도 마빈을 원하지 않는다.

선생이 말한다. "좋아, 너는 심판을 봐라. 심판 보호대가 너무 작아서 너 말고는 맞는 사람이 없겠다."

릭이 손을 든다. "제가 심판 할게요."

"그럼 누가 투수를 하지?"

릭이 말한다. "투수 없이 하죠, 뭐. 보호대가 너무 빡빡한걸. 누가 좀 도와줘."

1이닝이 끝난 뒤, 릭이 마스크를 벗고는 외야석으로 다가가 마빈에게 소리친다. "영구 퇴장!"

복도에서, 처음 보는 예쁜 소녀가 마빈에게 결승전을 보러 가자고 말한다. 마빈이 대답한다. "물론이지." 그런데 소녀의 눈길이 마빈의 머리 위를 향하고 있다. 마빈이 뒤를 돌아본다. 소녀는 자기 아빠와 이야기하고 있었다.

소녀의 아빠가 말한다. "사는 게 힘들지?"

마빈은 작은 고추가 맵다는 것을 보여주기 위해 학교 축구부에 들어간다.

모두가 응원을 보낸다.

몇 분 지나지 않아 한쪽 다리가 부러진다. 나머지 한쪽도 부러진다. 곧이어 온몸의 뼈가 바스러진다.

마빈이 정신을 차린다. 여기는 졸업 무도회장. 마빈은 턱시도를 입은 채 휠체어에 앉아 있다. 〈마지막 춤〉이라는 노래가 연주된다.

마빈이 좋아하는 소녀가 보인다. 점심시간 사건 이후로 또 넘어져 여전히 휠체어 신세다.

마빈이 소녀에게 춤을 청한다. 새로 끼운 치열 교정기를 드러내며 소녀가 미소 짓는다.

둘이 손을 맞잡자 《웨스트사이드 스토리》의 〈어딘가에〉가 흘러나온다.

엔딩 크레딧.

크레딧이 올라간 뒤, 마빈이 두 손가락을 치켜들며 속편을 암시한다.

이제 랜디 뉴먼 이야기를 할 때가 됐다

친구 사이에 숨길 게 뭐 있나. 우리는 모두 랜디 뉴먼을 좋아한다. 디즈니 영화는 말할 것도 없고 톰 행크스와 페니 마셜이 나오는 영화의 음악은 죄다 랜디가 작곡했다. 우정을 다룬 영화는 전부 랜디 차지였을 거다. 랜디는 우정에 대한 거북스러운 노래를 만드는 앤드류 로이드 웨버요, 개똥같은 노래를 작곡하는 모차르트다.

내가 이렇게 말한 데는 그럴 만한 이유가 있다. 1977년에 랜디 뉴먼이 지은 〈키 작은 사람들〉이라는 노래에는 키 작은 사람들은 살 가치조차 없다는 가사가 들어 있다(마음씨가 고약하다는 가사도 있다).

> **반어법의 정의**
> 문자 그대로의 뜻과 정반대 뜻으로 말하는 것.

랜디가 우리한테 단단히 밸이 꼴린 것처럼 보이겠지만, 모름지기 위대한 예술 작품은 겉과 속이 다른 법이 아니던가. 랜디는 사실 반어법을 쓴 것이다.

믿고 싶지 않겠지만, 사상이나 외모 때문에 남을 미워하는 사람이 많다. 랜디는 이런 잘못을 폭로하는 데 노래가 효과적인 수단이라고 생각했다. 하지만 흑인이나 유대인이나 중국인에 대한 증오를 소재로 삼으면 문제가 커질 수 있다는 점도 잘 알고 있었다. 그래서 키 작은 사람을 풍자 대상으로 삼기로 한 것이다. 키 작은 사람을 미워하는 건 그다지 나쁜 일로 생각되지 않았으니까.

키 작은 사람들의 생각은 다르다

키 작은 사람들이 들고일어났다. 이들이 뉴먼에게 거세게 항의했으나 오히려 노래는 인기가 치솟았다. 키 작은 사람들이여, 부디 한 귀로 듣고 한 귀로 흘려버리길. 아무리 짜증스럽다 해도 기껏해야 노래일 뿐이다. 게다가 반어법을 썼다고 하지 않는가.

하지만 이게 다가 아니다

키가 작다는 이유로 남을 싫어하고 괴롭히는 사람은 분명히 있다. 이 노래가 반어적이라는 사실을 키 작은 사람만 몰랐던 것은 아니다. 키 큰 사람들도 이 노래를 곧이곧대로 받아들였으며, 이는 키 작은 사람에 대한 알레르기 반응에 불을 지폈다.

어쨌거나 내가 전에도 말했듯이

이 노래 진짜 밥맛이다.

작은 키에 대한 농담들

사람들은 왜 그토록 잔인할까? 한 가지 이유는 키 큰 사람들은 자신들이 재미있는 사람이라고 생각하지, 남에게 상처를 입히고 있다고는 생각하지 못하기 때문이다. 심지어 다 큰 성인들도, 이미 서 있는 사람에게 "일어서세요"라고 말하는 것이 악의 없는 우스갯소리라고 생각하며 키 작은 사람을 '새우'라고 부르는 것이 농담인 줄 안다. 작은 키는 농담의 주요 소재다. 문학 비평이라는 이름으로, 인터넷에서 키 작은 사람을 소재로 한 유명한 농담을 수집하여 분석해보았다.

- 일어나는 게 앉는 거다. 괜찮은 농담. 비결은 모르겠지만 꽤 재치가 있다.
- 네 머리 위에 내 불알. 지저분한 농담이기는 하지만 효과는 확실하다.
- 지하철 회전문을 뛰어넘으려다 머리를 부딪힌다. 내가 좋아하는 농담. 키 작은 사람들은 왜 밑으로 지나가려하지 않을까? 아무리 생각해도 도무지 이해할 수가 없다.
- 야오밍의 0.000000000000000000000001퍼센트. 수수께끼 같다. 이렇게 작은 사람은 존재할 수 없다. 따라서 앞의 퍼센티지는 숫자 그대로의 작음이 아니라 야오밍의 덧없음을 나타낸다.
- 죽마를 타고 춤이 높은 모자를 쓰고도 알밴 개미 밑으로 지나갈 수 있다. 내 맘에 쏙 드는 농담이다. 의미가 아주 풍부하다. 춤이 높은 모자는 실크해트를 가리키는 듯하다. 확실한 건 아니다. 뭐 어때? 완벽한

농담인걸.

- 면도날 위로 걸어가면 8차로 고속도로 위의 개미처럼 보인다. 이것도 개미 농담. 별로 재미는 없다. 하지만 이 엄청난 스케일이란.
- 덮어놓은 책의 페이지 사이로 걸어갈 수 있다. 아주 작군.
- 의사가 키를 재더니 음수를 적어넣는다. 확실한 농담. 의사는 돌대가리이지만, 확실한 농담.
- 나초를 타고 행글라이딩할 수 있다. 나초가 나는 것은 본 적이 없는데. 무게를 추가한다고 해서 바람을 잘 탈 것 같지는 않다.
- 돼지저금통 앞에서 출납계원 할 수 있다. 아무도 이의를 제기하지 못하리라.
- 보도블록 한 칸 위에서 핸드볼 할 수 있다. 꽤 작군.
- 보도블록 한 칸 위에서 라켓볼 할 수 있다. 시간만 있으면 핸드볼도 하고 라켓볼도 하면 되겠네.
- 하드 막대로 서핑을 할 수 있다. 크기야 어떻든 하드 막대는 서핑 보드와 비례가 맞지 않는다. 그래도 간편하게 쓸 수는 있겠지.
- 키블러 요정한테 삥뜯기다. 한 사람이 만든 우스갯소리 같은데 여러 곳에 올라와 있다. 키블러 사에서 만든 것이 틀림없다. 키블러 요정이 깡패라는 소문을 퍼뜨리고 싶어 할 사람이 달리 누가 있겠는가?
- 식탁 밑에서 뒤로 재주넘기를 할 수 있다. 대단한 재능!
- 웅덩이에서 헤엄칠 수 있다. 그래, 맞아.
- 웅덩이가 깊으면 빠져 죽을 수 있다. 음…… 그렇지, 다만 의식을 잃은 경우에 한해서. 방금 말했듯이 헤엄쳐 나오면 되니까. 하지만 빠져 죽지 않는다는 보장은 없지. 누구라도 그럴 수 있어. 정신 나간 세상이니까.

엘프와 놈과 트롤

텔레비전과 영화에 나오는 키 작은 사람들은 우스꽝스럽고 교활하고 추하고 탐욕스럽고 음탕하고 늙어빠졌다(결론: 텔레비전과 영화를 만드는 사람들은 영혼이 없다). 하지만 텔레비전을 보기 전부터 어른들은 우리에게 동화를 읽어주고 전설을 들려준다. 여기에서는 키 작은 사람을 아예 괴물로 묘사한다.

> **주의**
> 모든 사람이 아래와 같이 기억하고 있지는 않을 것이다. 왜냐고? 언젠가 모든 사실이 날조되었거든.

'난쟁이'는 신화에 나오는 종족으로 작은 키에 턱수염을 기른 광부이며 스칸디나비아와 독일 산악지역의 땅 밑에 산다. 스칸디나비아 신화에 따르면, 신들이 모든 거인의 조상 이미르의 시체에서 찾아낸 구더기로 난쟁이를 만들었다고 한다.

하지만 우리가 기억하는 진짜 유래는 따로 있다. 청동기시대에 유럽 남부의 광부들이 구리와 주석을 찾아 북쪽으로 이동했다. 이 북구의 미개인들은 그곳 주민들의 검은 피부, 작은 키, 야금술 지식, 발달한 무기를 보고 마법을 부리는 괴물이라고 생각했을 것이다.

'콘월 광부 난쟁이'는 탄광 벽을 두드려 사람들에게 위험을 알려준다. 하지만

밥을 안 주면 도리어 탄광을 무너뜨린다. 마찬가지로 독일의 '코볼트'와 영미권의 '브라우니'는 밤에 집안일을 해놓지만, 밥을 안 주면 집안 곳곳에 장난질을 친다.

이러한 동화 속 괴물은 사람 눈에 띄지 않을 정도로 작기 때문에, 사람들은 기계가 말썽을 부리거나 고장 나면 이들의 소행이라고 생각한다. 20세기 초에도, 전투기 조종사들은 기체 결함을 꼬맹이 그렘린 탓으로 돌렸다. 2미터가 넘는 오우거가 집에 들어와 접시를 깨뜨리거나 마법을 부리는 흰긴수염고래가 비행기 엔진 속으로 기어들어와 볼트를 빼버렸다고 생각하기란 훨씬 힘들 테니 말이다.

톨킨이 무슨 바람을 넣었지? 난쟁이(dwarf)나 엘프(elf)가 둘 이상 있으면 어떻게 될까? 저요, 말썽이 일어나요! 땡! dwarfs와 elfs가 된다. 둘의 복수형을 dwarves와 elves로 처음 쓴 사람은 《호빗》과 《반지의 제왕》 3부작의 작가 톨킨(165cm)이다. 요즘은 이 복수형이 대세다. 난쟁이와 엘프 이야기를 줄기차게 써대는 사람이 어찌나 많은지!

'레프레콘'은 아일랜드 출신의 조그만 악당으로 대개 구두 수선공이다. 레프레콘을 잡으면 황금이 있는 곳을 알려주지만 잠시라도 한눈을 팔면 사라져버린다. 그래서 고개를 돌리도록 수작을 부리는 것이다. 그런데 당신 입에서 냄새 나.

작고 어여쁜 '엘프'는 인간과 닮았으나 어떤 인간보다도 매력적이다. 엘프는 달빛 아래서 춤추기를 좋아하며 사람들에게 함께 춤추자고 유혹한다. 유혹에 넘어간 사람은 사라지거나 다음날 아침에 시체로 발견된다. 그러니 엘프와 춤추지 말라! 분명히 경고했다.

> 심심할 때 하는 놀이: 엘프와 고블린과 레프레콘이 진짜 있다고 자신을 설득해보라. 설득했다고? 그랬다면 당신 자신이 상상의 산물일지도 모른다.

'놈'은 트롤이나 난쟁이와 비슷하지만 고깔모자를 쓰고 흰 수염을 늘어뜨렸다. 햇빛을 쪼이면 돌로 변한다는 속설이 있지만 근거는 없다. 정원의 무수한 놈 조각상이 근거라지만, 이것들은 1800년대 중반에 독일 튀링겐에서 제작되었다. 정원에 놈 조각상을 놓기 안성맞춤인 곳은 베르사유와 플로리다다.

'레시'는 슬라브 지방의 숲에 살며 풀잎에서 우뚝 솟은 나무에 이르기까지 크기를 자유자재로 바꾼다. 숲의 왕 레시는 신발을 곧잘 거꾸로 신는다. 레시를 만나면 존경의 표시로 옷과 신발을 거꾸로 하는 게 좋다(나는 경찰을 볼 때마다 이렇게 한다. 그러면 우리 아이가 오른손잡이로 태어날 수 있으려나).

'이이칼두크'는 작고 검은 존재로 이누이트족에게는 치료와 건강의 신으로 알려져 있다. 다시 말해서, 까무잡잡한 우디 앨런을 건강의 화신으로 믿는 격이다.

브라질 원주민은 '쿠루피라'가 사냥감의 수호신이라고 생각하여 두려워

했다. 또한 이들은 지미 버핏이 마가리타의 여유로운 수호신이라고 생각하여 두려워했다(지미 버핏은 《마가리타빌》이라는 음반을 발표한 가수다-옮긴이).

'슈렉' 은 키가 작은 괴물은 아니다. 슈렉은 블록버스터 공상 애니메이션 영화(영화의 원작은 윌리엄 스타이그가 그린 만화다)에 등장하는 거대 오우거이며, 슈렉의 겉모습이 아니라 내면의 참모습을 좋아하는 공주와 결혼한다. 사랑은 육체를 초월한다.

하지만 과연 그럴까? 여느 영화와 마찬가지로 이 영화에 등장하는 악당은 지독한 난쟁이다. 파콰드 영주는 사악한 다혈질의 야심가다. 공주가 파콰드와 결혼해야 한다는 설정이 우스꽝스럽다고 간주되는 이유는 그의 키가 작기 때문이다. 공주가 괴물과 결혼하는 것은 괜찮지만, 키 작은 사람과 결혼하는 것은 코미디의 하이라이트가 되어버린다.

나폴레옹 콤플렉스

나폴레옹 콤플렉스 FAQ

Q. 나폴레옹 콤플렉스가 뭔가요?

A. 왜소한 체구에서 비롯되는 일종의 열등감을 가리키는 일상용어입니다.

Q. 자세히 설명해주시죠.

A. 심리학자 알프레트 아들러는 작은 키에 대해 열등감을 가진 인물의 전형으로 황제 나폴레옹 보나파르트를 들었습니다. 나폴레옹이 세상을 소유한 것처럼 우쭐댄 것은 자신이 자각하고 있는 약점을 보상받기 위해서였다는 겁니다. 실제로도 그는 세상의 절반을 차지했죠.

Q. 나폴레옹 콤플렉스에 빠지면 어떤 증상이 나타나나요?

A. 다혈질, 공격성, 과대망상, 건방, 허풍, 야심, 실패를 인정하지 않음, 성공에 대한 갈망, 인정받고 싶은 욕구 등이 나타납니다.

Q. 만약 제…… 제가 나폴레옹 콤플렉스인지 알려면 어떻게 해야 하나요?

A. 나폴레옹 콤플렉스는 대개 열병이나 볼거리를 동반합니다.

Q. 키가 얼마나 작으면 나폴레옹 콤플렉스에 빠질 수 있죠?

A. 상황에 따라 다릅니다. 운동선수는 175~178센티미터인데도 나폴레옹 콤플렉스에 빠지는 사람이 많습니다. 어쨌거나 정작 나폴레옹은 별로 작지 않았습니다.

Q. 잠깐만요. 잘못 말씀하신 것 같은데요. 나폴레옹이 작지 않았다고요?

A. 작지 않았습니다…….

나폴레옹의 키

나폴레옹은 작은 키의 대명사이며 영원히 놀림감 신세를 면치 못할 것이다. 5피트 2인치(157cm)는 작은 키가 맞다. 하지만 프랑스식 인치는 오늘날 영국식 인치보다 약간 길었다. 나폴레옹의 실제 키는 169센티미터였다(당시 프랑스인의 평균 키는 163~165센티미터였다).

영국인들은 나폴레옹을 증오했기 때문에, 그의 키가 5피트 2인치라는 말을 듣고는 단위가 다르다는 것을 뻔히 알면서도 그대로 써버린 것이다. 게다가 존경하는 사람에게 관용적으로 쓰는

'경애하는 장군(Le Petit Caporal)' 이라는 표현을 문자 그대로 해석하여 '조그만 장군' 으로 둔갑시켰다. 물론 나폴레옹은 덩치 큰 호위병들을 거느린 탓에 실제보다 더 작아보였을 것이다.

나폴레옹의 실제 키는 부검 기록에 나와 있다. 그의 주치의 프란체스코 안토마르키가 부검 전에 측정한 나폴레옹의 키는 168.6센티미터였다.

하지만 헛소문은 사그라들지 않았다. 1930년대 잡지에서 나폴레옹의 시신을 얼마나 엉터리로 묘사하고 있는지 읽어보자.

> "나폴레옹은 뇌하수체가 정상인보다 작았다. 이 때문에 작은 키와 연약한 체구를 갖게 된 것이다. 엉덩이는 여자처럼 둥그스름했으며 살결은 희고 매끄러웠다. 체모와 음모는 듬성듬성했으며 머리카락은 가늘고 부드러웠다. 음경은 매우 작았다. 헨리 박사의 부검보고서에 따르면, 음경 크기는 나폴레옹이 왜 성욕을 느끼지 않았으며 금욕 생활을 했는지를 보여주는 신체적 증거인 듯하다."

하지만 나폴레옹의 금욕은 그가 검은 피를 토하며 쓰러진 뒤로 휴식을 통 취하지 못했음을 보여줄 뿐이다. 위의 묘사 대부분이 의심스럽기는 하지만 헨리 박사가 부검에 참여한 것은 사실이다. 따라서 나폴레옹의 작은 음경과 연약한 무모(無毛)의 신체는 헨리 박사가 눈으로 확인한 바다. 소문에 따르면, 저 작은 음경은 부검 중에 도난당했다고 한다. 나폴레옹은 자신의 작은 살덩이를 잃은 채 땅에 묻혔으나, 20년 뒤 독살설의 진위를 밝히기 위해 다시 발굴되었다. 호사가와 과학자들은 지금까지도 나폴레옹이 독살되었다고 주장하지만, 위암 치료를 받다 합병증으로 죽었을 가능성도 있다.

그렇다면 뭐가 콤플렉스란 말이지?

나폴레옹의 일대기를 다시 살펴본 지금, 나폴레옹 콤플렉스의 정의를 새로 내릴 때가 된 것 같다.

나폴레옹 콤플렉스

야심, 교활함, 무자비함, 뛰어난 군사적 · 정치적 능력, 조그만 음경, 성문법 제정, 로제타 돌 발견, 가늘고 부드러운 머릿결을 통해 세상의 절반을 정복하고 수많은 여자와 잔 척함으로써 어린 시절에 배를 곯았던 경험을 과잉 보상받으려는 상태.

키 작은 정복자 명예의 전당

후보 1 알렉산드로스 대왕

시대: 기원전 4세기

키: 아마도 168~170센티미터. 마케도니아 무덤에서 그의 것으로 추정되는 갑옷이 발견된 이후, 157센티미터라고 주장하는 사람도 있다. 하지만 이는 신빙성이 떨어진다. 그만큼 신장이 열세였다면 말에서 내려 전투를 치르기가 힘들었을 것이다.

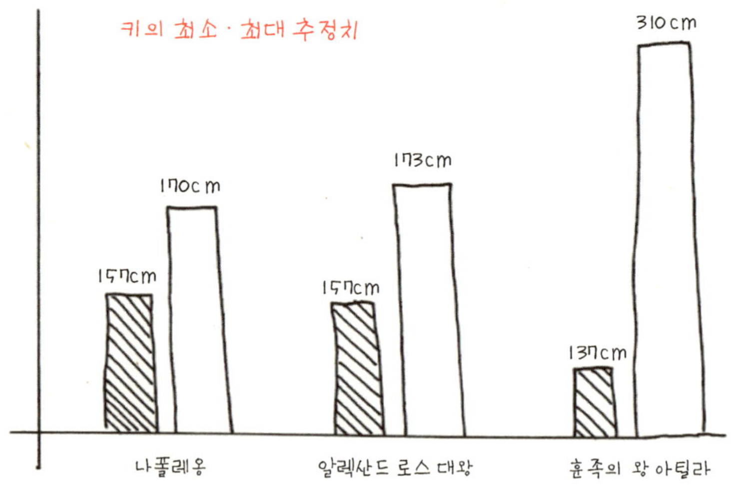

스승: 아리스토텔레스

아버지: 필리포스 2세

아버지가 죽은 이유: 알렉산드로스의 어머니가 자기 아들을 왕위에 앉히려고 부왕을 죽였다고 한다. 물증은 없지만 심증은 간다.

알렉산드로스는 고르기아스의 매듭을 푸는 자가 아시아를 정복하리라는 예언을 성취하기 위해 매듭을 잘랐나: 전설에 따르면 그렇다.

또 어디를 정복했나: 페르시아, 이집트, 인도. 어디든 못 했겠어?

가장 좋아하는 피자 토핑: 하와이안.

명언: "아들아, 너에게 걸맞은 왕국을 찾거라. 마케도니아는 네게 너무 좁구나." —알렉산드로스가 야생마 부케팔로스를 길들인 뒤 부왕 필리포스가 한 말.

성적 지향: 소년, 소녀, 고르기아스 매듭 등 닥치는 대로. 겁먹지 마, 농담이니까.

조상: 아킬레우스, 헤라클레스

후손: 그룹 몽키스의 원년 멤버 네 명 중 세 명(피터 토크 제외).

전체 랭킹: 8위

후보 2 훈족의 왕 아틸라

별명: 신의 징벌

시대: 서기 5세기

키: 137센티미터. 아틸라가 난쟁이였다고 말하는 사람도 있지만(137센티미터는 의학적으로 난쟁이에 해당한다), 유럽인과 로마인 할 것 없이 아틸라를 미워한 사람들은 모두 그를 우스꽝스러운 인물, 즉 키 작은 사람으로 깎아내리려했다.

삼촌: 로아스 왕. 아틸라는 형 블레드와 함께 로아스에게서 스키타이 왕국을 물려받았다. 로아스는 형제와의 빙고 게임에서 이긴 바 있다.

정복 활동: 아틸라가 진격하면서 약탈하고 쓸어버린 나라는 오스트리아, 독일, 그리고 동로마 제국의 여러 지역이다. 교황 레오 1세는 아틸라에게 로마를 약탈하지 말아달라고 사정해야 했다.

어떻게 죽었나: 결혼 첫날밤 자기 피에 숨이 막혀 죽었다. 아틸라는 술이 세지 않았기 때문에, 피로연에서 진탕 퍼마신 뒤 천막에 돌아왔을 때는 잔뜩 취한 상태였다. 바닥에 누워 있던 그의 코에서 피가 흘러나오기 시작하자(식도 출혈이었다고 말하는 사람도 있다), 아틸라는 숨을 쉴 수 없었다. 그러니까 사람들이 결혼 생활에 대해 불평을 늘어놓을 때 흘려듣지 말 일이다.

전체 랭킹: 7위

나폴레옹, 알렉산드로스 대왕, 훈족의 왕 아틸라 중 최종 승자는?

치고받고 싸우면 아틸라가 이기겠지만 철자 알아맞히기 시합은 알렉산드로스가 유리하다. 나폴레옹은 비위가 약해서 어느 쪽도 승산이 없다.

PART THREE

작은 키, 큰 업적

작은 고추가 맵다

팬들은 나를 알아보지 못했다.
신문과 라디오에서, 나는 완전한 익명성을 누렸다.—윌 쇼츠

이제 그만하자. 일터에서, 언론에서, 데이트 자리에서, 동화에서 키 작은 사람이 어떤 취급을 받는지 신세 한탄을 하자면 온종일도 부족할 것이다. 버몬트 주에서 통나무집을 빌려—아니면 메인 주 호숫가에 캠프파이어 할 수 있는 멋진 장소도 알고 있다—당신과 나 우리 둘이 위스키를 홀짝거리고, 달을 쳐다보며 늑대 울음소리도 내고, 눈 위에 이름도 쓰면서, 우리 문제를 진지하게 고민할 수도 있다. 왜 우리는 봉급이 쥐꼬리만 할까? 왜 사람들은 자기 동료가 작다는 이유만으로 그토록 잔인하게 구는 걸까? 당신은 대니 드비토인가? 정말 인간쓰레기인가?

그런데 이건 어떨까? 유명인사 중에 키 작은 사람이 얼마나 많은지 한번 찾아보는 거다. 아마 놀랄걸? 뒤에 나오는 사람들은 당신이나 나처럼 웅덩이를 건널 때 얕은 가장자리로 돌아가는 이들이다. 하지만 발을 제외하고 물 위로 보이는 나머지 부분으로는 그림을 그리고 연기를 하고 노래를 부르고 춤을 춘다. 어쩌면 적절한 비유가 아닐지도 모르겠다. 이렇게 말할 수도 있다. 키 작은 유명인사의 면면을 보면 당신은 깜짝 놀랄 것이다. 그리고 놀람이 가신 뒤에는 기쁨이 온몸을 적시리라. 작은 키는 멍에가 아니다. 설령 멍에라 하더라도 벗어버릴 수 있다(놀람이 가시지 않는다면 담요를 몸에 감고 구급차를 불러라).

은막의 단신들

연기자는 팔이 길어야 한다.
너무 짧은 것보다는 차라리 너무 긴 게 낫다.
팔이 짧은 배우가 섬세한 제스처를 취하기란 결코, 결코 불가능하다.
–롤랑 바르트

영화배우에게 키는 소중한 자산이다. 남자 주인공은 '훤칠하고 까무잡잡하고 잘생겨야' 지 '작달막하고 창백하고 괴상하게 생겨서' 는 안 된다. 마찬가지로 여자 주인공은 '팔다리가 길고 날씬해야' 지 '땅딸막하고 펑퍼짐해서' 는 안 된다. 이건 상식이다. 하지만 세상에서 내로라하는 남녀 배우들 중에는 작은 사람이 많았다. 키 작은 배우들은 그 사실을 숨기려 애쓴다. 그 결과는 두 가지다.

1. 배우들의 정확한 키는 언제나 논란거리다. 이 때문에, 세련되고 익

살맞고 정보가 가득한 책에서도 정확한 기록을 제시하기란 쉬운 일이 아니다. 이런 책을 가지고 만든 교육용 비디오도 마찬가지다.

2. 배우들의 진짜 키를 알면 사람들은 깜짝 놀라고 웃음을 터뜨릴 것이다.

당신도 알고 있는 키 작은 영화배우들

- **마이클 J. 폭스**(163cm): 마이클은 미래로는 갈 수 있지만(《백 투 더 퓨처》) 과거로 돌아가 성장 호르몬을 맞지는 않았다. 시트콤 《가족애》와 《스핀 시티》에 출연한 뒤로는 줄기세포 연구를 적극적으로 지지하며 파킨슨병 치료제를 찾고 있다(마이클은 파킨슨병 환자다).
- **셜리 템플**(157cm): 역대 최고의 아역 스타이며, 가나와 체코슬로바키아 주재 미 대사를 지낸 셜리 템플은 체리향 무알코올 음료 이름이기도 하다. "셜리 템플 작은 잔으로 온더록스 해주세요!" 첫 데이트에서 남자가 이렇게 말하는 건 애프터를 신청할 마음이 전혀 없다는 뜻이다.
- **마틴 쇼트**: 《토요일 밤의 라이브》 진행자였던 마틴 쇼트는 이름과 달리 270센티미터가 넘는다.*
- **피터 딘클라거**(137cm): 뛰어난 연기자인 피터는 《스테이션 에이전트》를 통해 평단의 갈채를 받았다. 외모도 출중하다.
- **내털리 포트먼**(160cm): '피냐 콜포트먼'을 아시는지? 유명 영화배우 내털리 포트먼의 이름을 가지고 '피냐 콜라다 좋아하세요?'라는 노래를 패러디한 것이다.

* 농담이다. 마틴 쇼트의 진짜 키는 168센티미터다. 여기 신용카드 번호 세 개 더: 6, 7, 3.

- 길버트 고트프리드(165cm): 만일 지옥이 존재한다면 그곳에서 시도 때도 없이 울려퍼지는 비명 소리의 주인공은 길버트 고트프리드일 것이다. 그는 디즈니 영화 《알라딘》에서 앵무새 목소리를 연기했으며 욕지거리로 먹고산다.
- 톰 크루즈(170cm): 자신의 연애사와 종교를 밝히는 데 거리낌이 없는 톰 크루즈는 자기 키를 대중에게 숨기는 불가능한 임무(《미션 임파서블》)를 수행 중이다. 한편 그의 준수한 외모는 식물을 자라게 하고 동물의 불임을 치료한다.
- 번 트로이어(81cm): 누구나 인정하는 연기의 거장 번은 영화 《오스틴 파워》에서 닥터 이블의 축소판 복제 인간 미니미를 연기했다. 그는 007 악당의 패러디인 대머리 땅딸보 마이크 마이어스의 든든한 단짝이었다. 
- 피터 로리(163cm): 악역의 대명사 피터 로리는 《몰타의 매》와 《카사블랑카》에 출연했다. 피터는 히치콕의 《너무 많이 안 사나이》에서, 웃음을 터뜨리고 고개를 끄덕이는 자신의 연기 스타일을 확실히 했다. 히치콕은 피터가 영어를 거의 모른다는 사실을 눈치채지 못했다(피터 로리는 오스트리아 출신이다—옮긴이). 당시 피터는 대본에 발음을 적어놓고 대사를 외웠다.
- 숀 애스틴(165cm): 숀은 영화 《루디》에서 루디 역을 맡았다. 이 영화는 노터데임대학교 미식축구부에서 뛰고 싶어 하는 키 작은 소년을 소재로 한 뛰어난 작품이다. 영화의 교훈은 키가 작더라도 아주아주아주 오랫동안 죽어라 노력하면 인생의 나머지 절반을 행복하게 살 수

있다는 것이다.

- 일라이저 우드(168cm): 《반지의 제왕》 3부작에서 숀 애스틴과 함께 호빗을 연기했다. 인생의 낙오자와 패배자들은 이들에게 감사하라. 이들 덕분에 기쁨과 삶의 목적을 찾았을 테니.
- 워릭 데이비스(107cm): 워릭이 버들가지처럼 호리호리하다고 말할 사람은 없겠지만, 그는 영화 《윌로우》에서 윌로우 역을 맡았다(willow는 '버드나무' 라는 뜻이다–옮긴이). 《제다이의 귀환》에서 이워크 족을 연기하면서 이름을 알렸다.
- 밥 호스킨스(163cm): 밥 호스킨스는 아카데미상 후보에 여러 차례 오르기도 했지만, 키 작은 사람들은 그를 영화 《슈퍼 마리오》의 형 마리오로 기억한다. 존 트라볼타가 섹시한 천사로 나오는 영화 《마이클》의 신문사 편집장 역도 인상적이다.
- 헤일리 조엘 오스먼트(163cm): "자…… 작은…… 사람들이 보여요!" 이제 어른이 된 《식스 센스》의 어린아이는 여전히 꼬마다.
- 세라 제시카 파커(160cm): 《풋루스》에서 멋진 춤을 선보이고 《마이애미 랩소디》에서는 안토니오 반데라스와 엮이고, 《섹스 앤 더 시티》로 최고의 인기를 누린 세라 제시카 파커가 맡은 가장 놀라운 배역은 세계적인 매력남 매튜 브로더릭의 아내 역할이다(둘은 실제로 부부다).

예상 밖의 단신 영화배우들

할리우드에서는 키 크고 잘생기고 치아가 고르고 피부가 깨끗하면 성공은 떼놓은 당상이다. 작고 뚱뚱하다면? 이건 좀 곤란한데. 하지만 지도자처럼 생겼다면 절반은 먹고 들어가는 거다. –존 코비트

• 데이비드 스페이드(165cm): 작고 호리호리하며 풍자와 허무 개그의 달인인 데이비드 스페이드는 크리스 팔리와 괴짜 2인조를 이루어 여러 편의 인기 코미디 쇼에 출연했다. 스페이드는 라라 플린 보일과 잠시 염문을 뿌렸으나 잭 니컬슨에게 애인을 빼앗겼다. 어랏? 갑자기 연예 면이 돼버렸잖아.

• 자닌 거로펄로(155cm): 당신이 자닌을 좋아하든 싫어하든 그녀는 당신에 대한 자신의 견해를 드러내지 않을 것이다.

• 피터 포크(168cm): 의안(義眼)의 형사는 공인회계사이기도 하다. 《프린세스 브라이드》에서 할아버지로 출연한 피터는 프레드 새비지(손자 역)의 흥미를 불러일으키려고, 손에 땀을 쥐게 하는 대목에서 이야기를 그만하겠다며 딴청을 피운다. 키 작고 근시인 사람이 다 그렇듯, 현명하게도 피터는 중요한 장면에는 끼어들지 않는다.

• 마릴린 먼로(166cm): 엄밀히 따지면 마릴린은 여자 평균 키보다 조금 더 크지만, 이 그림을 꼭 넣고 싶어서. →

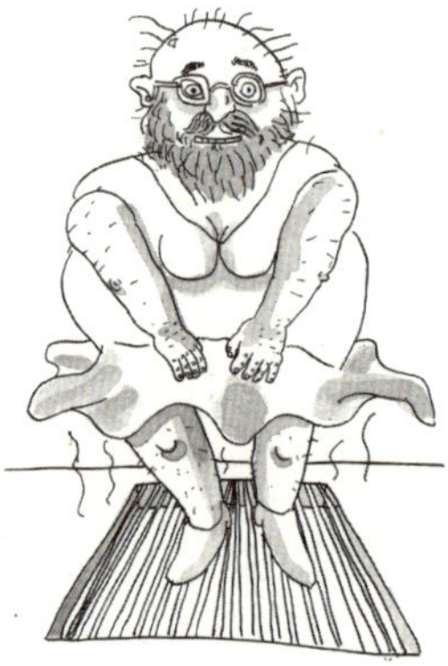

• 줄리앤 무어(160cm): 줄리앤 무어는 나오는 영화마다 옷을 벗지 않은 적이 없는 듯하다. 이 말은 줄리앤이 나쁜 영화에는 출연한 적이 없다는 뜻이다.

• 마이크 마이어스(170cm): 마이크는 《오스틴 파워》에서 번 트로이어의 키 큰 단짝을 연기했으며 《웨인즈 월드》에서는 데이나 카비의 정상 크기 단짝으로 출연했다.

• 버지스 메러디스(165cm): 영화 《록키》에서 록키의 코치를 연기한 버지스는 원래 록키의 애인 역을 맡기로 되어 있었으나 록키가 "아우, 메

러디스! 아웅, 버지스 메러디스!"라고 외치는 소리가 너무 닭살스러워 무산되었다.

- **린지 로한**(164cm): 린지는 조기 종영된 시트콤 《베트》에서 베트 미들러(155cm)의 딸로 출연했으며 《프리키 프라이데이》에서는 제이미 리 커티스와 뇌를 바꾸었다. 어떤 사람들은 둘이 아직까지 뇌를 바꾼 채라고 생각하기도 한다!
- **잭 블랙**(168cm): 괴짜에다 수다쟁이인 잭 블랙은 2인조 '퍼니' 록 밴드 터네이셔스 D의 멤버이며, 여러 영화에 출연하고 수많은 아이의 생일 파티에서 난동을 부렸다(어릴 때에도 그런 짓 많이 해봤을 듯).
- **메이 웨스트**(152cm): 시대를 초월한 섹시 스타. 그 작은 몸에 곡선이 어찌나 많은지. 메이 웨스트는 '어린 요부'라는 별명으로 불렸으며 도발적인 희곡을 쓰기도 했다.
- **노리유키 '팻' 모리타**(160cm): 《가라데 키드》 시리즈의 미야기 상. 약자에게 든든한 버팀목이 되어주는 모리타는 키 작은 사람들이 보상 심리로 털을 기르고 싶어 할 때 뭐라고 조언해야 할지 알고 있었다. "왁스(밀랍)를 바르고, 왁스를 닦아내고."(원래는 《가라데 키드》에서 주인공에게 세차를 시키면서 한 말이지만 재크는 밀랍을 바른 다음 털을 확 뽑는 장난을 가리킨다. 직접 보고 싶으면 http://www.youtube.com/watch-v=mIcUUq63B6E로 들어가보라-옮긴이)

키가 작으리라고는 상상도 못 했을 영화배우들

제 키는 연기예요! -셀마 하이에크(157cm)

- **루시 류**(157cm): 힘이 넘치는 미녀 액션 스타 루시 류가 그토록 커보이는 이유는 엄청나게 높은 하이힐을 신고 키 작은 배우와 호흡을 맞추기 때문이다.
- **제나 제임슨**(163cm): 최고의 인기를 누리고 있는 포르노 스타. 제나의 영화 수백 편을 조사한 결과 그녀의 키는 163센티미터로 판명되었다. 진짜로 조사하느라 봤다니까! 포르노 배우의 키를 가늠하기 힘든 이유는 신체 부위의 균형이 전혀 맞지 않기 때문이다.
- **론 제러미**(168cm): '고슴도치'라 불리는 론 제러미는 인기 절정의 포르노 스타다. 전에는 키가 60센티미터인 줄 알았는데(제러미의 음경 길이가 25센티미터인 것을 빗댄 표현-옮긴이).
- **제임스 딘**(171cm): 《이유 없는 반항》은 자랑할 만한 이유가 있다. 평균보다 약간 작은 키로 영화사에 길이 남을 작품을 남겼으니 말이다.
- **벤 스타인**(165cm): 리처드 닉슨의 연설문을 쓰던 벤 스타인이 이름을 알린 것은 《페리스의 해방》에서 무미건조한 선생 역을 맡고부터였다(이 영화에는 세계적인 매력남 매튜 브로더릭도 나온다).
- **신 형제**(마틴 신 168cm, 찰리 신 175cm, 에밀리오 에스테베즈 166cm): 잘생긴 이들 삼형제 중 두 명이 단신이라는 사실은 쉽게 알아차리기 힘들다. 아마도 키에 걸맞지 않게 커다란 머리통 때문이리라.
- **로버트 다우니 2세**(173cm): 하도 사고를 치고 다닌 덕에 죄수 번호 들고 찍은 사진에서 그의 키를 알 수 있다.
- **페넬로페 크루즈**(163cm): 우리는 일면식도 없지만, 페넬로페 크루즈가

작다는 말을 들으니 기분이 좋지 않나?

• 마틴 로런스(170cm): 마틴 로런스는 작은 거인이다.

작지 않은 영화배우들

• 케빈 베이컨(178cm): '케빈 베이컨의 6단계' 게임(할리우드 배우들이 여섯 단계만 거치면 어떻게든 케빈 베이컨과 연결된다는 점에 착안한 게임-옮긴이)을 '케빈 베이컨의 6인치'로 바꿔도 나는 여전히 케빈 베이컨보다 6인치 작다.

오스카상 수상자와 쟁쟁한 후보들

• 로베르토 베니니(165cm): 《인생은 아름다워》로 남우주연상을 받았다. 시상식장에서 하도 호들갑을 떨어서 그 뒤로는 출연 섭외가 하나도 들어오지 않았다고 한다.

• 더스틴 호프먼(166cm): 《크레이머 대 크레이머》와 《레인맨》으로 남우주연상을 받았다. 그 밖에도 다섯 차례나 아카데미 연기상을 받았으며 수영 대회에서 입상한 적도 있다.

• 메리 픽퍼드(152cm): 《코켓》으로 여우주연상을 받았으며 1976년에 공로상을 수상했다. 메리 픽퍼드는 27년 동안 236편의 영화에 출연했다(당시는 흑백 영화여서 연기하기가 수월했다).

• 엘리자베스 테일러(157cm): 《버터필드 8》(작고 비쩍 마른 역)과 《누가 버지니아 울프를 두려워하랴》(작고 펑퍼짐한 역)로 여우주연상을 받았으며, 3개 부문에 후보로 오르고 박애상을 받기도 했다. 진정한 전설 엘리자베스 테일러는 독특한 화장법과 클레오파트라 못지않은 남성 편력으로 뭇 남성의 애간장과 자신의 등골을 녹였다(엘리자베스 테일

러는 8번 결혼했으며 척추가 4번 부러졌다).

• 샐리 필드(157cm): 《노마 레이》와 《마음의 고향》으로 여우주연상을 받았다. 키 덕에 톰 행크스의 엄마와 애인 역을 둘 다 (각각 다른 영화에서) 연기했다.

• 미키 루니(160cm): 1939년에 아역상을, 1983년에 공로상을 받았다. '믹' 이라는 애칭으로 불리는 미키 루니는 앤디 하디를 연기하며 역사상 가장 오랜 청소년기를 보냈다. 상대역을 맡은 주디 갈런드(154cm)는 1940년에 아역상을 받았다. 《오즈의 마법사》에서 도로시를 연기하며 동족인 먼치킨들과 친구가 되었고, MGM 영화사의 못돼먹은 관행에 따라 바르비투르산염(수면제로 이용되는 약품—옮긴이)과 다섯 남편을 곁에 두었다. 하지만 최후의 승리는 여덟 번 결혼하고 아직 생존해 있는 믹에게 돌아갔다.

• 린다 헌트(145cm): 《가장 위험한 해》에서 남자 난쟁이 역으로 여우조연상을 받았다. 그 밖에도, 작은 키와 중성적인 외모 덕에 괴상한 역을 많이 맡았다.

• 홀리 헌터(157cm): 《피아노》로 여우주연상을 받았으나, 안타깝게도 피아노를 연주한 배우가 얼마 전에 죽었다(속지 말 것! 《피아노》에서는 홀리 헌터가 직접 피아노를 연주했다—옮긴이).

• 알 파치노(168cm): 《여인의 향기》로 남우주연상을 받았으며, 《대부》를 비롯한 여러 수작 영화에서 주연을 맡았다. '방에서 제일 작은 녀석

이 제일 크게 소리친다'는 표현은 내가 그를 빗대어하는 말이다.

• 핼리 베리(166cm): 《몬스터 볼》로 여우주연상을 받았다. 아프리카계 미국인 여자가 이 상을 받은 것은 그녀가 처음이다. 이따금 배역을 고르는 안목에 의심이 들기도 하지만 몸을 고른 안목만은 으뜸이다. 그녀는 작고 아름답다.

• 주디 덴치(155cm): 《셰익스피어 인 러브》에서 고작 8분 동안 얼굴을 내밀고도 여우조연상을 받았다. 이건 1센티미터당 3초씩만 연기를 했다는 뜻이다!

텔레비전

- **넬 카터(150cm):** 토니상을 수상한 배우 겸 가수 넬은 시트콤 《좀 봐줘!》에서 똑소리 나는 가정부를 연기했다.
- **제이슨 알렉산더:** 당대 최고의 성격파 배우 제이슨 알렉산더는 《사인펠드》에서 래리 데이비드를 닮은 165센티미터의 조지를 연기하고, 래리 데이비드가 제작한 《열정을 억제하라》에서는 제이슨 알렉산더를 닮은 제이슨 알렉산더를 연기하는 등 종횡무진(?)의 활약을 펼쳤다.
- **에스텔 게티와 낸시 워커(145cm, 150cm):** 《골든 걸스》와 《로다》에서 각각 엄마 역을 맡았다. "저기 조그만 왈가닥 할머니들 좀 봐"에서 '왈가닥'이 바로 이들을 가리키는 말이다.

- **수전 루치(155cm):** 수전은 《모두 내 새끼》의 에리카 케인 역으로 주간(晝間) 에미상에 21번이나 후보로 올랐으나, 1999년에야 처음이자 마지막으로 수상의 영광을 누렸다. 아무래도 성 앞에 'un'을 붙여야 하지 않을까?(Lucci는 '럭키'라고 발음하기도 한다–옮긴이)
- **카먼 일렉트라(159cm):** 《SOS 해상 기동대》의 스타 카먼은 1998

년 라스베이거스에서 203센티미터의 농구 스타 데니스 로드먼과 결혼했다. 소문에 따르면, 카먼이 호텔 방으로 돌아왔을 때 로드먼이 낯선 여자와 뒤엉켜 있었다. 로드먼은 여자가 벌거벗은 채로 천장을 뚫고 떨어졌다고 둘러댔지만 여자는 상처 하나 없었다.

- 대니 보나두치(168cm): 파트리지 집안의 아들이던 그는 현재 알코올 중독자 가족과 스테로이드 중독자 가족의 일원이며 리얼리티쇼 가족의 망나니 아들이다.

코미디 팀

- **루 코스텔로(160cm)**: 인기 코미디 2인조 '애벗과 코스텔로'의 키 작은 역으로 둘이 즐겨 쓴 코미디 수법은 "누가 1루야?"다(1루수 이름이 '누'이므로 이 말은 질문이자 대답이다–옮긴이). 버드 애벗은 173센티미터다. 공교롭게도 또 다른 2인조 스탠 로럴과 올리버 하디도 키가 175센티미터와 188센티미터로 13센티미터 차이다. 어쩌면 이것이 코미디의 '황금 분할'일지도(지금까지는 11.2센티미터로 알려져 있었다).
- **래리 파인, 모이 하워드, 제럼 '컬리' 하워드(163cm, 163cm, 165cm)**: 세 얼간이 래리, 모이, 컬리는 한 손으로 눈 찌르기 동작이나 '냐냐냐'이라는 소리를 만들어냈다. 키 작은 사람이든, 키 큰 사람이든, 턱수염 난 보통 키 여인이든 모두가 이들을 좋아한다.
- **하포 마르크스와 치코 마르크스(165cm, 164cm)**: 코미디언은 작아만 진다.
- **버스터 키턴과 해리 후디니(168cm, 163cm)**: 엄밀히 말해서 팀은 아니지만, 후디니는 버스터가 아직 아기였을 적에 버스터의 아버지 조 키턴과 유랑 공연단을 공동 소유했다. 후디니는 역대 최고의 탈출 마술사였으며, 쇠사슬과 쇠감옥에서 탈출할 때 작은 키를 요긴하게 써먹었다. 몸개그의 달인 버스터 키턴은 매일같이 엉덩방아를 찧고 계단을 구르느라 평생 타박상을 안고 살았다(버스터는 70대가 되어서도 고생스러운 묘기를 부렸다).

영화극장 시간이 돌아왔다. 당신의 액션 스타는 키가 얼마나 될까?

산악용 오토바이에 올라타고 앞바퀴를 든 채 돌진하다 그대로 몸을 날려 아빠 가슴에 이단 옆차기를 먹이는 장면을 상상해본 적이 있는가? 당신은 무시무시한 거인, 아빠는 고통이 끝나기만을 바라는 초라한 난쟁이였는가? 아니면 반대로 당신은 와신상담하고 있는 패배자, 아빠는 쳐부숴야 하는 폭군이었는가? 후자라면 그 영화는 중국에서 편집하는 게 좋겠다. 전자라면 미국일 테고.

지금쯤은 내가 무슨 말을 하고 싶은지 알겠지? 미국 액션영화는 주인공의 키를 실제보다 더 키우는 반면 아시아 액션영화는 왜소한 주인공이 자기보다 강한 상대와 맞붙는 것을 즐긴다(물론 논란의 여지는 있다. 이연걸은 168센티미터, 성룡은 173센티미터, 이소룡은 171센티미터였으니 말이다). 《당산대형》에서 이소룡은 우람한 몸집의 적들과 맞서 싸우느라 더 작아보인다. 반면에 아널드 슈워제네거는 《유치원에 간 사나이》에서 장난꾸러기 꼬맹이들을 상대한다.

그러니 미국 액션 스타는 키가 크고 볼 일이다(실제로는 그렇지 않더라도 말이다). 아널드 슈워제네거가 공식적으로 밝힌 키는 185~188센티미터이지만, 일설에 따르면 175~178센티미터에 더 가까울 것이라 한다. 아널드는 키높이 구두와 카우보이장화를 신는 것으로 모자라, 조금이라도 더 커보이게 하려고 머리를 바짝 세운다.

영화 속 진실

당신이 키 작은 배우라면 사과상자 위에
올라서고 평균대 위로 걸어다녀야 한다.
하지만 당신이 키 작은 스타라면
나머지 배우들이 전부 도랑으로 걸어다닌다.-마이클 J. 폭스

아니, 뭐라고? 배우들이 키를 속인다고? 안타깝게도 사실이다. 배우들은 언제나 진짜 키를 속인다. 이들은 하이힐이나 키높이 구두를 신고 신발 속에는 깔창을 넣는다. 머리를 부풀리기도 하고, 모자에 '나는 키가 크다네!' 라고 쓰고는 티셔츠에 '내 모자 좀 봐' 라는 문구를 박아넣기도 한다. 뭐? 카메라는 거짓말을 하지 않는다고? 당신은 지금까지 까맣게 속고 있었던 거다. 당신이 키 큰 배우를 보고 있다고 생각하며 지불한 영화 요금을 할리우드가 어떻게 떼어먹었는지 알고 싶은가? 고전적인 수법을 몇 가지 살펴보자.

연기용 신발은 따로 있다

배우들은 오래전부터 영화에서-그리고 일상생활에서도-키높이 구두를 신었다. 보비 대런, 험프리 보가트, 심지어 브래드 피트까지도 다리 하나는 커 보일 정도로 굽을 높였다. 키높이 구두는 신발 속에 5센티미터짜리 깔창을 넣고 겉에도 3~5센티미터짜리 굽을 박는다. 문제는 중심을 잡기가 힘들다는 것. 또 한 가지 문제는 자신을 속여야 한다는 거다.

'사과상자'에는 사과가 없다

'사과상자'는 배우들이 서거나 앉거나 소도구와 카메라를 올려두는 데 쓰는 접이식 받침대다. 카메라가 배우의 무릎 아래를 비추지 않는 한 '사과상자'에 올라서서 이렇게 외칠 수 있다. 커져라, 얏! 사과상자는 사과가 들어 있지 않은데도 성장 발육에 그만이다.

키높이 구두는 키 작은 사람들의 전유물이 아니다. 193센티미터 장신인 '백작' 존 웨인조차 8센티미터를 더하기 위해 굽을 높였다. 에이브러햄 링컨은 굽 대신 춤이 높은 모자를 애용했다. 일설에 따르면 자기의 옷조차 작아 보이도록 백악관 재단사에게 일부러 꽉 끼는 사이즈를 주문했다고 한다.
하지만 링컨이 모자를 쓴 진짜 이유는 머리가 고깔 모양이기 때문이며 옷을 꽉 끼게 입은 이유는 욕조에서도 입고 있기 위해서였다(링컨은 목욕물 공포증이 있었다). 이 사실은 미 의회도서관(물론 가상의 도서관이다) 자료에 똑똑히 기록되어 있다.

카메라 각도

감독은 우리의 옛 친구인 '상대적인 관점'을 활용하여 키 작은 배우가 실제보다 커보이도록 장면을 설정할 수 있다. 키 작은 배우라도 카메라 가까이 세워놓으면 동료 배우보다 더 커보이게 된다. 그리고 카메라를 바닥에 놓고 올려다보며 찍으면 배우가 화면 안의 모든 것 위에 군림하는 것처럼 보인다. 광각렌즈 또한 사물의 상대적 크기를 왜곡할 수 있다. 카메라를 전혀 쓰지 않으면 또 다른 차원의 사실주의를 구현할 수 있다. 사다리에 올라가 배우 머리 위로 아래를 내려다보면 꼭 나 자신이 감시 카메라가 된 기분이다.

상대를 낮추어 나를 높인다

여자 주인공이 남자 주인공보다 크면, 여자는 신발을 벗거나 얇은 발

레리나 슬리퍼를 신고 남자는 8센티미터짜리 굽이 달린 신발을 신는다. 영화 《단짝 친구들》에서 178센티미터인 미니 드라이버는 175센티미터인 크리스 오도널과 키를 맞추기 위해 도랑 속을 걸어야 했다. '도랑' 은 드문 일이 아니다. 어쨌든 '계곡' 을 걷지 않는 것만으로도 감지덕지할 일이다.

키 큰 배우 사절

거물급 배우는 키높이 구두나 도랑이 싫다면 영화사와 계약을 맺을 때 자기보다 키 큰 배우를 출연시키지 말라고 요구할 수 있다. 제너럴 모터스에서 이런 배우를 조립 라인에 채용한 적이 있는데, 이 때문에 키 큰 노동자 수천 명이 해고당했다.

소인국에 가면 나도 걸리버

서부영화를 찍을 때는 정상 크기와 작은 크기로 세트를 두 개 만드는 일이 흔하다. 주인공의 키가 작더라도 작은 세트에 있는 술집 문을 열고 나온다면 좌중을 압도할 수 있다. 이에 반해, 커다란 문에서 나오는 악당들은 우리의 영웅보다 작아보인다. 문 크기가 달라지는 이유는 미국 사람들이 우람한 영웅과 왜소한 악당을 선호하기 때문이다.

애니메이션

슈퍼맨은 실제로 로이스 레인보다 훨씬 작은데도 만화가들이 더 크게 그렸다(이게 바로 장사하는 요령이다). 마찬가지로 뽀빠이는 240킬로미터가 넘지만 독자에게 혼란을 주지 않으려고 일부러 작게 그렸다.

소문도 철석같이 믿으면 진실이 된다

163센티미터의 앨런 래드가 상대 배우의 눈을 들여다보는 장면에서는 배우들의 어깨 위 모습만 보여준다. 어깨 아래는 무얼 하고 있었을까? 저공비행하는 농약살포기(機)에 타고 있었다.

실패로 돌아간 소인국 실험

컬럼비아영화사가 1938년에 제작한 서부영화 《작은 마을의 공포》는 배우들이 모두 균형 난쟁이다. 말은 물론 셰틀랜드 조랑말이다. 등장인물과 배경이 전부 작아졌기 때문에, 정상 크기의 영화와 구별되는 것은 조악한 노래와 엉성한 플롯뿐이었다. 이 영화는 역대 최악의 작품으로 손꼽힌다. 제작자 제드 뷰얼은 이 출연진으로 전설의 벌목꾼 폴 버니언의 일대기를 제작할 생각이었으나, 《작은 마을의 공포》가 실패한 탓에 무산되었다.

스포츠와 작은 키

인정할 건 인정하자. 일부 예외를 제외하면 대부분의 인기 스포츠는 키와 몸집이 클수록 유리하다. 키 작은 선수가 신체 균형으로 따져 꿀릴 것이 없더라도, 키 큰 선수의 다리는 더 먼 거리를 디디고 더 효과적으로 힘을 쓰며 더 핑핑 돌아간다. 그러므로 타고난 약점을 극복하고 남들 앞에 우뚝 선 선수들에게서 우리는 희망을 찾을 수 있으리라.

농구

- **타이론 '먹시' 보그스**(160cm): NBA 역사상 최단신 선수인 보그스(샬럿 호네츠)는 스피드와 기술을 이용한 패스와 가로채기가 일품이었다. 1993년에는 213센티미터의 센터 패트릭 유잉의 슛을 막아내기도 했다. 유잉과 함께 출연한 영화 《스페이스 잼》에서는 외계인에게 기술을 도둑맞은 농구선수 역을 맡았다.
- **데비 블랙과 테메카 존슨**(둘 다 160cm): 여자 NBA 역사상 최단신 선수로 먹시 보그스와는 키와 포지션(포인트 가드)이 같다. 다른 점은 귀여운 악당 벅시 모그스(보그스의 이름에서 첫 글자를 바꾸어 만든 가상인물이다-옮긴이)와는 아무런 관계가 없다는 것이다.
- **얼 보이킨스**(165cm): NBA 역사상 두번째 단신 선수인 보이킨스의 별명은 '두 자릿수 난쟁이'다(그의 득점력을 빗댄 별명-옮긴이). 보이킨스가 골든스테이트 워리어스에서 뛸 때 그의 테마 음악은 '작은 세상'이었다. 하지만 스몰월드 워리어스로 이적한 뒤로는 테마 음악이

배리 매닐로우의 '맨디'로 바뀌었다.

- 스퍼드 웹(170cm): NBA 슬램덩크 대회에서 우승한 최단신 선수. 웹은 고등학교 3학년이 되기 전부터—당시는 키가 고작 150센티미터였다—덩크를 시작했다.

야구

마이너 리그 최장신 선수가 되기보다는 메이저 리그 최단신 선수가 되고 싶다. –프레디 파텍(163cm)

- '위 윌리' 킬러(163cm): 1892년부터 1910년까지 우익수로 뛰며 8시즌 연속 200안타를 비롯하여 불멸의 기록을 무수히 남겼다. 투 스트라이크 이후의 번트가 파울일 때 아웃이 되는 규칙은 위 윌리의 뛰어난 번트 실력과 끈질긴 번트 시도 때문에 생겼다. 그는 타자들에게 "눈을 똑바로 뜨고, 눈을 감는 녀석(수비수–옮긴이) 쪽으로 쳐라"고 말했다. 영리하고 명쾌하지만 권투 선수에게는 가혹한 충고다.
- '토끼' 매런빌(165cm): 1914년부터 1919년까지(해군에서 복무한 1918년 제외) 내셔널 리그를 대표하는 유격수로 활동한 매런빌은 내야 플라이를 바스켓 캐치(글러브 안쪽이 하늘을 향한 채 허리 높이에서 공을 잡는 것–옮긴이)하는 실력과 짓궂은 장난으로 유명했다. 장난기로 똘똘 뭉친 매런빌은 심판에게 안경을 건네주고, 실력이 뒤지는 선수들의 굼뜬 동작을 흉내내고, 모자를 옆으로 돌려쓰고는 덩치 큰 동료의 팔에 뛰어 안기는 등 야구장 안에서 기행을 일삼았다. 야구장 밖에서는 정도가 더 심했다. 애완용 원숭이를 데리고 차를 탔으며, 타임스 광장에서는 동료 선수가 "거기 서, 이 도둑놈아!"라고 외치며 그를 뒤쫓

앉다. 심지어 호텔에서 살인 사건이 일어나는 것처럼 소동을 벌인 뒤에, 놀란 동료들이 문을 부수고 들어가자 아무 일 없었다는 듯 유유히 걸어나오기도 했다.

에디와 케이크

1951년 8월 19일, 고전을 면치 못하고 있던 세인트루이스 브라운스의 코치 빌 벡은 썰렁한 관중석을 보다 못해 후원 사들에게 이렇게 약속했다. 광고업체와 대리점 사람들을 동원하여 스탠드를 메우면 '아무도 본 적이 없는' 무언가를 보여주겠다는 것이었다.

디트로이트 타이거스와 경기가 벌어지던 날, 관중석은 입추의 여지가 없었다. 더블헤더 1차전이 끝난 뒤 커다란 케이크가 경기장으로 실려 들어왔다. 하지만 관중은 별 관심이 없었다. 109센티미터의 균형 난쟁이 에디 거델이 등번호 $\frac{1}{8}$이 새겨진 야구 유니폼을 입은 채 장난감 야구 방망이를 들고 케이크에서 나왔다. 이런 장면은 전에도 본 적이 있었기에 관중은 출구로 걸음을 재촉했다. 그런데 1회 말에 거델이 정말 홈 베이스로 걸어가자 그제서야 사람들이 관심을 보이기 시작했다.

'심판은 규정집을 뒤적였고, 포수는 홈 베이스 뒤에 아예 주저앉았다. 투수는 최선을 다해 던졌지만 에디에게 볼넷을 내주지 않을 도리가 없었다. 유일한 변수는 에디 자신이었다. 벡은 에디에게 몸을 잔뜩 웅크려 스트라이크 존을 최소한으로 줄이라고 지시했지만 (벡이 말하길) "디마지오를 너무 많이 본" 거델이 그의 자세를 흉내낸 탓에 3.8센티미터의 빈틈이 생겼다. 하지만 투수가 공략하기에는 너무나 작았다(메이저리그 사상 가장 작은 스트라이크 존이었다). 벡은 노파심에서 거델에게 이렇게 당부했다. "스윙하지 마! 만약에 스윙하면, 라이플총 들고 기자석에 앉아 있다가 머리를 날려버릴 줄 알아." 거델은 유유히 1루로 진루했다.

이런 해프닝을 방지하기 위해 곧 규칙이 개정되었지만, 벡의 말에 따르면 다른 팀 투수들이 만일을 대비하여 난쟁이를 상대로 연습하기 시작했다고 한다. 거델은 파란만장한 삶을 살았으며 벡의 주선으로 여러 차례 유명세를 탔다. 그의 자서전은 베이브 루스 것보다 더 많이 팔린다.

마라톤 선수

다리가 길면 장거리 달리기에 유리할 것이라 생각하기 쉽지만, 키 큰 사람들은 체력과 체격이 부실하다는 점을 명심하라. 마라톤 우승자들이 키가 작은 데는 생물학적 · 지리학적으로 수많은 근거가 있다. 이를테면, 뛰어난 마라톤 선수 중에는 동아프리카 출신이 많은데(이곳은 고도가 높기 때문에 사람들의 폐활량이 크다), 동아프리카 사람들은 대개 키가 작다.

- **테글라 로루페**(150cm): 2006년에 코피 아난 유엔 사무총장은 장거리 세계 기록을 여럿 보유하고 있는 테글라를 유엔 스포츠 대사로 임명했다. 테글라는 아프리카 여자 최초로 뉴욕 마라톤에서 우승했을 뿐 아니라 해마다 '평화 마라톤' 행사를 열고 있다. 전쟁의 참화가 가시지 않은 모국 케냐와 우간다, 수단에서 전 세계와 지역 지도자들이 병사와 일반 시민과 함께 달린다. 로루페는 스물네 명의 형제자매를 비롯한 수많은 아프리카인의 영웅이다.

축구 대 축구

사커

펠레(170cm): 고오오오오오올 이이이이이이인! 펠레는 역대 최고의 축구 선수이며 '풋볼의 왕' 으로 불린다.

풋볼

배리 샌더스(171cm): 터어어어어어치 다아아아아아운!
배리 샌더스는 역대 최고의 러닝백이며 '사커의 왕' 으로 불린다.

- **조시아 투과네(157cm)**: 가난한 집안을 뒷바라지하려고 마라톤을 시작한 조시아는 1996년에 남아프리카공화국 출신으로는 처음으로 올림픽에서 금메달을 땄다. 올림픽이 열리기 넉 달 전, 강도들이 차를 훔치려다 그의 얼굴에 총상을 입혔다. 국가적 영웅이 된 1년 뒤에는 괴한의 습격으로 이빨이 두 개 빠지고 척추를 다쳤다. 아무리 빠른 발도 위험에서 건져주지 못할 때가 있는 법이다.

테니스

- **빌리 진 킹(164cm)**: 역대 최고의 테니스 선수이자 스포츠와 일상에 만연한 성차별에 당당히 맞서 싸운 빌리 진은 세간의 이목이 집중된 '성 대결' 토너먼트에서 땅딸막한 남성우월주의자 보비 릭스를 완파한 것으로도 유명하다.
- **올리버 로커스(165cm)**: 벨기에 출신인 올리버는 프로 테니스 역사상 최단신 선수다. 올리버는 이렇게 말했다. "키가 더 컸다면 지금처럼 날쌔게 몸을 놀리거나 공에 반응하지 못했을 겁니다. 키 생각은 한 번도 해본 적이 없어요." 다들 이 말을 좌우명으로 삼을지어다.

역도

일부 운동 경기에 체급이 있다는 건 우리 같은 사람들에게 참 다행스러운 일이다.

- **나임 술레이마놀루(150cm)**: 불가리아에서 터키로 망명한 '주머니 속

헤라클레스'는 역도 세계 신기록을 46번 갈아치우고 올림픽 금메달을 세 차례나 수상했다. 슐레이마놀루는 수없이 은퇴했지만 언제나 다시 돌아와 챔피언을 거머쥐며 전 세계 땅딸막한 사람들에게 희망을 주었다. 하지만 두 차례 정계 진출 시도는 번번이 수포로 돌아갔다.

- **요시노부 미야케(152cm)**: 일본 최고의 페더급 역도 선수로 올림픽에서 세 번이나 메달을 땄다. 힘이 넘치는 '개구리 스타일'로 유명하다.

자동차 경주

자동차들이 한 줄로 늘어서 트랙을 수백 번 수천 번 돌기만 하는 스포츠가 있다는 거 알고 있었나? 그게 바로 '자동차 경주'다. 저 우스꽝스럽게 생긴 자동차를 타는 데 작은 키가 유리한지는 모르겠지만 '마리오 안드레티'(163cm)와 '제프 고든'(170cm)이 역대 최고의 레이서 1, 2위라는 것만은 알고 있다. 위대한 인물 3위는 누구냐고? 테레사 수녀(152cm)잖아.

그 밖의 스포츠

- **피겨 스케이팅–스콧 해밀턴(160cm)**: 스콧 가라사대 "인생에서 유일한 장애는 썩어빠진 정신이다." 올림픽 금메달리스트인 스콧은 어릴 때 6년 동안 병을 앓느라 제대로 크지 못했지만, 스케이트를 신은 채 뒤로 재주넘기를 할 수도 있다.
- **투우–마리벨 아티엔자르(152cm)**: 올레! 아무리 키 작은 사람이라도 무고한 소의 목숨을 빼앗으면 박수갈채를 받을 수 있다.
- **사격–애니 오클리(152cm)**: 사격의 명수이며 '버펄로 빌 와일드웨스트 쇼'의 주역을 맡았던 애니는 27미터 밖에서 동전을 맞출 수 있었다.

아니, 30센티미터 밖에서 27미터짜리 동전을 맞출 수 있었는지도. 애니에게는 어느 쪽이든 상관없었다. 도전이라면 마다하지 않았으니까. 그녀의 파란만장한 생애는 뮤지컬 《애니여, 총을 들어라》의 모태가 되었다.

- 스피드 스케이팅-데릭 파라(163cm): 스케이트만 신으면 훨훨 날아다니던 그의 삶은 뮤지컬 《캣츠》에 영감을 주었다.
- 권투-조 월컷(156cm): '바베이도스의 악마' 라는 별명을 지닌 조는 키가 전부 근육으로 갔다.

정치와 키

데니스 쿠시니치가 토론회에서
"제가 대통령이 되면……"이라고 말하는 순간,
그의 입을 막고 이렇게 말해주고 싶어지더군요.
"짜아식……."–존 스튜어트

정치, 가깝고도 먼 그대, 세상을 더 나은 곳으로 만들고 싶어 하는 이상주의적 젊은이들의 마약. 젊은이들이여, 정치 따위는 잊어버릴지어다! 미국 정계에서 작은 키는 범죄이니 말이다. 물론 정치인들이 저지르는 여느 범죄와 달리 이것 때문에 감옥에 가지는 않지만.

선거는 이렇게 치러진다

그럴 리가, 진짜로?

역대 미국 대통령 선거를 살펴보면, 키 큰 후보가 당선된 사례가 조금 더 많다. 1900년대 이후 키가 더 큰 후보의 당선 가능성이 통계적으로 더 높았으며, 텔레비전이 보급된 1950년 이후로는 키 작은 후보가 당선될 가능성이 더 낮아졌다. 2000년이 되기까지, 자기보다 더 큰 경쟁자를 물리친 사람은 리처드 닉슨과 지미 카터뿐이었다.

우리의 뿌리 깊은 선입견 때문에, 키 큰 후보는 리더십이 강하고 강인하고 위엄 있어 보인다. 하지만 키가 상대적으로 조금 크다고 해서 무조건 유리하다는 미신은 방향을 잘못 짚었다. 텔레비전 유세가 시작된 뒤로, 민주 · 공화 양당에서 지명된 대통령 후보 중에 평균보다 작은 사람은 마이클 두카키스(173cm)뿐이었다. 키가 더 큰 후보가 당선되는 것만이 아니라 키 작은 후보는 아예 명함도 못 내밀었던 것이다!

텔레비전이 보급된 이후 미국 대통령 당선자와 상대 후보*

1948년
해리 트루먼(민주) 175cm
토머스 듀이(공화) 173cm
차이: 2cm

1952년
드와이트 아이젠하워(공화) 179cm
애들레이 스티븐슨(민주) 178cm
차이: 1cm

1956년
드와이트 아이젠하워(공화) 179cm
애들레이 스티븐슨(민주) 178cm
차이: 1cm

1960년
존 F. 케네디(민주) 183cm
리처드 닉슨(공화) 182cm
차이: 1cm

1964년
린든 존슨(민주) 190cm
배리 골드워터(공화) 183cm
차이: 7cm

1968년
리처드 닉슨(공화) 182cm
허버트 험프리(민주) 182cm
차이: 없음

1972년
리처드 닉슨(공화) 182cm
조지 맥거번(민주) 185cm
차이: –3cm

1976년
지미 카터(민주) 175cm
제럴드 포드(공화) 185cm
차이: –10cm

1980년
로널드 레이건(공화) 185cm
지미 카터(민주) 175cm
차이: 10cm

1984년
로널드 레이건(공화) 185cm
월터 먼데일(민주) 178cm
차이: 7cm

1988년
아버지 조지 부시(공화) 188cm
마이클 두카키스(민주) 173cm
차이: 15cm

1992년
빌 클린턴(민주) 188cm
아버지 조지 부시(공화) 188cm
차이: 없음

1996년
빌 클린턴(민주) 188cm
밥 돌(공화) 185cm
차이: 3cm

2000년
아들 조지 부시(공화) 180cm
앨버트 고어(민주) 185cm
차이: –5cm

2004년
아들 조지 부시(공화) 180cm
존 케리(민주) 193cm
차이: –13cm

{ * 굵은 글씨는 당선자 }

자료에서 볼 수 있듯이 키 작은 후보가 당선되기란 하늘의 별따기다. 아들 부시가 자기보다 큰 후보를 두 번이나 물리칠 확률을 따져보면, 둘 다 부정선거였다는 결론이 나올 수밖에 없다.

제2차 세계대전: 키 작은 등장인물로 꾸며본 소박한 캐스팅

히로히토(165cm): 일왕
이오시프 스탈린(168cm): 두려움과 존경의 대상이었던 러시아 공산당 지도자
히틀러(173cm): 악당
프랭클린 루스벨트(188cm): 미국 대통령. 키는 크지만 소아마비로 휠체어 신세를 졌다.
윈스턴 처칠(170cm): 전쟁 당시 영국 총리.

……

집에서 재미 삼아 할 수 있는 간단한 놀이: 제2차 세계대전에서 영국이 보인 숭고한 노력에 대한 처칠의 명언을 작은 키에 대한 우스갯소리로 바꿔보자. 자, 시작!

"인류의 전쟁사에서 이토록 다수의 사람이 이토록 소수의 사람에게 빚을 진 적은 없습니다. ……그렇습니다. 키 작은 사람들은 인류 사회에 가장 큰 공헌을 했습니다. 틀림없습니다."–1940년 8월 20일

낸시 애스터: "윈스턴, 내가 당신 부인이라면 커피에 독약을 넣겠어요."
윈스턴 처칠: "낸시, 내가 당신 남편이라면 당신과 사느니 그 커피를 마시겠소."
낸시 애스터: "오, 윈스턴, 어찌 그리 좀스러우세요?"
윈스턴 처칠: "내가 좀스러운 거 이제 알았소?"(엉덩방아를 찧어보인다)

그 밖에 당신도 알 만한 유명 정치인들

- 다비드 벤구리온(152cm): 이스라엘 초대 총리인 벤구리온은 이스라엘 독립에 중요한 역할을 했다. 생김새는 요다(《스타워즈》 영화에 등장하는 외계인–옮긴이)를 조금 닮았다.
- 마하트마 간디(160cm): 역사상 가장 위대한 비폭력 자유 투사. 평생 인도의 독립과 하층민의 권리를 위해 싸웠다. "몸을 굴복시킬수록 마음의 힘이 커진다"고 믿는 간디에게 키는 아무것도 아니었다.

• 존 핸콕(163cm): 미국 독립선언문의 첫 서명자이며 유명한 문필가인 존 핸콕은 키가 하도 작아서 곤충 털을 펜촉으로 썼다.

• 빅토리아 여왕(152cm): 1837년부터 1901년까지 잉글랜드 여왕을 지낸 빅토리아는 영국 역사상 재위 기간이 가장 길었다. 일설에 따르면, 키 1인치마다 속치마를 한 겹씩 받쳐 입는 바람에, 위아래보다 좌우 길이가 더 긴 유일한 사람이었다고 한다.

• 마무드 아마디네자드(157~168cm): 이란 대통령 아마디네자드는 워낙 논란을 몰고 다니는 인물인 탓에(미국을 적대시하고, 핵폭탄을 개발하려 하고, 홀로코스트는 거짓이지만 진짜였으면 좋겠다고 말하고 다닌다), 나폴레옹이나 히틀러와 마찬가지로 키가 오르락내리락한다. 그를 깎아내리고 싶어서 키를 낮추어보는 사람이 많지만, 그의 키가 그다지 작지 않다고 주장하는 사람들도 있다.

• 김정일(157cm): 북한의 독재자 김정일은 키가 157~160센티미터이지만 10센티미터짜리 키높이 구두를 신고 다닌다. 이것은 그의 수많은 기행 중에 그나마 점잖은 축에 속한다.

• 실비오 베를루스코니(169cm): 이탈리아 총리를 세 차례 지냈으며 나폴레옹에 대한 책을 쓰기도 했다(그는 나폴레옹과 깊은 동질감을 느끼는 듯하다). 어쩌면 키가 같기 때문일까? 딩동댕, 정답!

• 바버라 박서(150cm): 캘리포니아의 신참 상원의원이자 최단신 상원의원이다. 연단에 설 때마다 '박서 박스'라 불리는 이동식 발판을 가지고 다닌다. 소위원회 회의가 너무 지지부진할 때면 '박서 술병'을 애용한다.

사업가

사장이 우리를 승진시키거나 봉급을 올려주지 않겠다면 키 작은 우리가 스스로 사장이 되는 수밖에 없다. 하지만, 내 돈 가지고 활황 증시에 뛰어들었다가 주가가 폭락할 때까지 빠져나오지 못하는 신세가 되기 십상이다.

- **앤드루 카네기(152cm)**: 19세기 후반의 철강업계 거물이자 자선사업가. 땅콩으로 카네기 홀을 만들었다(땅콩과 카네기 홀이 무슨 관계람?－옮긴이).
- **잭 대니얼(157cm)**: 미국에서 처음으로 양조장을 운영했다. 잭 대니얼이 개인적으로 내게 악감정이 있었는지 그의 후손이 나를 싫어하는지는 모르겠으나, 올해 내 생일날 벌어진 사건이 둘 중 한 명의 책임인 것은 틀림없다.
- **아리스토텔레스 오나시스(165cm)**: 대통령 부인 재클린 케네디와 결혼한 억만장자. 늙은 나이에 비극적으로 생을 마감했다. 미안, 농담이다. 사인은 기관지 폐렴이었다.
- **로스 페로(170cm)**: 미치광이 억만장자이자 전직 미치광이 미국 대통령 후보. 페로는 귀가 크고 심장은 황금으로 만들어졌다. 의사들이 수시로 심장 상태를 점검하는 데는 그럴 만한 이유가 있다.

범죄자

연쇄 살인범의 한결같은 공통점은
키가 작고 체구가 빈약하다는 것이다.
—팻 브라운(유명 범죄 심리 분석관이자 토크쇼 초청 인사)

이렇게 생각하는 사람이 있다는 거 다 안다. '이 책이 사업을 하거나 연기를 하거나 세상을 정복하려는 사람에게는 용기를 북돋워줄 수 있지만 나같이 마음씨가 비뚤어지고 도덕관념이 없는 비행 청소년에게도 뭔가 도움이 될까? 나에게 맞는 역할 모델은 없을까?' 걱정하지 말라, 쓰레기 중에서도 찌끄레기들이여. 오그라든 뼛속 깊숙이 사악한 기운이 깃든 인간들이 여기 있으니.

> **주의**
> 무서운 이야기나 끔찍한 살인사건 얘기를 잘 듣지 못하는 사람은 다음 장으로 넘어갈 것! 살인하는 장면이 나오지는 않지만 나한테 겁쟁이라는 소리를 듣게 될지도 모른다. 음하하하하하! 거기 뒤에 누구지?

- **조지 '베이비페이스' 넬슨(163cm)**: 1930년대 초에 활동했던 흉악한 악당 베이비페이스는 알 카포네, 존 딜린저, 프리티보이 플로이드를 비롯한 대공황 시대 악당들과 어울렸다. 하지만 그의 마음속에서는 자기보다 악명이 높은 동료들에 대한 질투심이 몰래 자라고 있었다. 딜린저가 총에 맞아 죽은 뒤 FBI는 베이비페이스를 공공의 적 제1호로 승격시켰다. 넬슨의 꿈이 이루어진 순간이었다. 하지만 두 주 뒤에 그

또한 경찰과 총격전을 벌이다 죽고 말았다.

- 보니 파커(147cm): 은행털이(클라이드 배로와 2인조). 베이비페이스와 동시대 악당인 보니와 클라이드는 미국 남서부를 공포의 도가니에 빠뜨렸다. 둘은 푼돈을 빼앗고 이따금 사람을 죽이기도 했다. 많은 사람들이 이들의 행각에 매력을 느꼈다. 살해당한 사람들은…… 덜 느꼈다.
- 찰스 맨슨(157cm): 1960년대 후반 마약에 취한 채 살인을 일삼은 연쇄 살인마 맨슨은 불우한 어린 시절을 보냈으며(일설에 따르면 매춘부인 엄마가 맥주 한 조끼에 팔아버렸다고 한다), 서른 살이 되었을 때는 온갖 범죄로 인생의 절반을 감옥에서 보냈다. 1967년에 출소한 뒤(가석방 위원회에 맥주 한 조끼씩 돌렸다고 한다), 맨슨은 비틀스 이후 최고의 음악인이 될 꿈을 꾸며 비치 보이스('미지근한 해변에서 맥주 한 조끼 마시고 서핑하기' 라는 노래로 유명하다)의 데니스 윌슨과 녹음 작업을 시작했다. 같은 시기에, 자기들을 '패밀리' 라 부르며 맨슨을 추종하는 무리가 생기기 시작했다. 1969년 8월 6일, 맨슨은 추종자들에게 한 음반 제작자의 집에 들어가 집안에 있는 사람을 모두 죽이라고 명령했다. 이 음반 제작자는 예전에 맨슨의 노래를 퇴짜 놓은 인물이었다(맨슨은 그에게도 맥주 한 조끼를 대접했지만 약발이 듣지 않았다). 영화감독 로만 폴란스키의 아내인 배우 샤론 테이트도 살해당했는데, 그녀는 임신 8개월째였다(일설에는 맥주를 마셔서 배가 나왔다고도 한다). 다음날 밤, 맨슨은 추종자들을 이끌고 로스앤젤레스의 재력가인 라비앙카 부부의 집에 침입했다(그 집에는 맥주가 다섯 조끼나 있었다). 맨슨은 부부를 결박하는 일을 거든 뒤

살해 지시를 내렸다. 패밀리는 약 35명을 살해했으며 찰스를 비롯한 대다수가 종신형을 언도받고 수감 중이다(맥주 맛은 영영 못 보게 되었다).

이건 여담인데, 맨슨의 추종자 리넷 '짹짹' 프로미(별명 중에 난쟁이가 있다면 이것 아닐까?)는 환경을 구한다며 제럴드 포드 대통령을 암살하려했다. 리넷도 감옥에 갇혀 있다. 하지만 공교롭게도, 암살 기도가 수포로 돌아간 이후로 제럴드 포드 대통령이 30년을 더 사는 동안 환경 문제는 점점 더 악화되었다. 그냥 그렇다는 얘기다.

• **루니 토베르**: 19세기 이탈리아의 난쟁이 도적. 한패가 토베르를 가방에 넣어 범행 장소에 가져다놓으면 나머지는 그가 알아서 했다. 나는 조그만 개를 가지고 이 방법을 시도한 적이 있다. 하지만 은행에 가방을 가져다두었는데도 녀석은 더플백을 빠져나와 금고 문을 열어주려하지 않았다. 제길, 내가 지한테 얼마나 잘해줬는데 ……

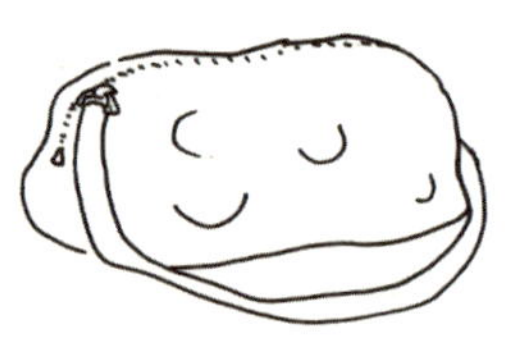

리슈부르, 역사상 가장 작은 스파이

프랑스 혁명 시기, 키 58센티미터의 스파이 리슈부르는 오를레앙 공작 부인(프랑스 왕 루이 필리프의 어머니)의 지령에 따라 왕가 지지자들에게 비밀문서를 전달했다. 그는 유아복 차림으로 보모에게 안긴 채 전선을 통과했다. 혁명군은 전쟁의 참화를 목격하고도 의연한 아기에게 경의를 표했으리라. 포대기에 싸인 것이 아기가 아니라 비밀 문서를 전하는 다 큰 어른이라고는 꿈에도 생각하지 못했을 테니까.

리슈부르는 평생 오를레앙 가문에 충성을 바쳤으며 1858년에 여든

혹은 아흔의 나이로 죽을 때까지 해마다 3000프랑씩 연금을 받았다. 스파이는 절대 나이를 밝히지 않는다.

이것이 바로 '리슈부르그가 전선을 통과하다' 라는 옛말의 전말이다(처음 들어보는 말이라고? 아무 역사학자나 붙잡고 물어보라).

장면 1

혁명군 1: 잠깐! 거기 누구요?

보모: 저희 둘뿐이에요. 엄살쟁이 보모와 마님 심복이요.

리슈부르: (귓속말로) 암살? 당신이 첩보원이야?

혁명군 2: 심복이라니? 그게 무슨 말이오?

혁명군 1: (옆에 다가간다) 이봐, 너무 까다롭게 굴지 마. 엄숙하시다잖아.

보모: 아차차…… 호호, 제 심복은…… 그러니까…… 우리 아기 말이에요. 사내들이랑 시시덕거릴 시간 없어요. 어서 가야…… 저…….

리슈부르: (귓속말로) 서방님 찾으러 간다고 둘러대!

보모: 서…… 선술집 가야 해요!

혁명군 1: 아기를 데리고 선술집을?

혁명군 2: 지금 같은 시국에?

리슈부르: 젠장맞을, 이 여편네가 뭐라고 지껄이는 거야?!

보모: 뭐라고요? 아, 호호호. 말이 헛나갔네. 제 말은, 아…… 아…… 아기가 선술집에 가서…… 임무를…… 아기는…… 스파…….

리슈부르: 너 때문에 둘 다 죽게 생겼잖아. 이 몸이 유아복 입은 채 죽을 줄이야.

보모: …… 아기가…… 소아마비 걸렸어요. 얼른 집에 데려가야 해요.

이만 가볼게요. 고마워요, 고마워요. 그럼 안녕.

(부리나케 내뺀다)

혁명군 1: 멋진 여자야.

혁명군 2: 이번 싸움에서 우리가 이겼으면 좋겠어.

장면 2

(혁명군이 궤멸된다.)

키 작은 우주인

우리의 고향별 지구와 달리, 우주는 키 작은 사람을 차별하지 않는다. NASA 우주선은 자리가 비좁기 때문에 키가 작을수록 우주여행에 더 알맞다. 지구가 멸망하여 우리가 다른 은하로 이주하게 된다면, 키 작은 사람 유전자가 우성이 될 수도 있지 않을까? (내가 술집에서 여자 꼬실 때 즐겨 쓰는 수법이다.)

- 유리 가가린(157cm): '우주의 콜럼버스'라고 불린 러시아 우주 비행사로 최초로 우주를 여행했다. 가가린이 발탁된 이유는 지구력과 근력, 그리고 왜소한 체구 때문이었다. 이에 반해 진짜 콜럼버스는 이름이 '콜럼버스'라는 이유로 발탁되었다.
- 낸시 커리(152cm): 커리 박사는 1987년에 NASA에 입사한 뒤 도합 네 번—시간으로 따지면 1000시간—우주에 나갔다. 지구의 나이에 비하면 별 거 아니다.
- 거스 그리솜(165cm): 미국인 중 두번째로 우주를 비행했으며, 두 차례 비행한 미국인은 그가 처음이었다. 남보다 앞섰을 때 그만두지 못한 탓에, 아폴로 1호 화재사건으로 희생되었다.

미술가

예술은 길고 인생은 짧다.
–히포크라테스

미술은 키와 아무런 관계가 없는 분야다. 하지만 이 사람들과 발 치수를 대보는 것도 그리 나쁜 일은 아니리라.

- **앙리 드 툴루즈 로트렉(150cm)**: 로트렉은 뼈에 유전 질환을 앓은 탓에, 평생 활기차고 음탕한 장면을 그리기만 했을 뿐 한몫 끼지는 못했다. 그는 파리의 퇴폐 업소 물랭루주에서 터줏대감 노릇을 했는데, 포스터와 판화에서 풍기는 그만의 독특한 스타일이 그 결과물이다. 또 다른 결과물은 매독이다. 그러고 보니 조금이나마 한몫 끼기는 했나보다.

- **오귀스트 로댕(163cm)**: 역사상 가장 위대한 초상 조각가. 로댕의 걸작 청동상으로는 〈생각하는 사람〉, 〈입맞춤〉, 그리고 우리의 키 작은 동지 발자크의 동상 등이 있다.
- **제임스 애벗 맥닐 휘슬러(163cm)**: 추상 미술 못지않게 자기 어머니를 사랑한 화가(그의 대표작이 〈회색과 검정

색의 조화, 제1번: 미술가의 어머니〉, 일명 〈휘슬러의 어머니〉인 것을 빗댄 표현-옮긴이).

가장 위대한 미술가

인류 역사를 통틀어 가장 위대한 미술가는 과연 누구일까? 미켈란젤로일까, 레오나르도 다 빈치일까, 피카소일까, 아니면 뒤샹일까? 가장 위대한 미술가는 뭐니 뭐니 해도 파블로 피카소다. 그는 163센티미터밖에 안 됐다. 입체파의 선구자이며 〈게르니카〉와 〈아비뇽의 처녀들〉을 그린 피카소야말로 키가 닿는 모든 장르를 섭렵한 작은 거인이다.

음악가

음악이 사람의 양식이라지만 영양가는 별로 없나보다.
안 그랬다면 천재들이 지금보다 더 컸을 테니까.–윌리엄 셰익스피어

• **새미 데이비스 2세(160cm)**: 프랭크 시나트라, 딘 마틴 등과 함께 인기 연예인 집단 '랫 팩'의 일원으로서 코미디, 만담, 라운지 음악이 어우러진 쇼를 선보였다. 시나트라가 '왕년의 푸른 눈'이라 불린 반면, 한쪽 눈이 의안인 새미는 '미스터 뼈다귀'라는 하찮은 별명에 만족해야 했다.

역사상 가장 위대한 작곡가

• **루트비히 판 베토벤(163cm)**: 베토벤은 키만 작은 것이 아니라 귀까지 멀었는데도 가장 웅장하고 거대한 교향곡을 작곡했다.

• **프린스(157cm)**: 자신이 뭐라고 불리고 싶어 하든, 프린스는 땅딸보와 음악의 왕자다. 힘이 얼마나 좋으냐면, 여자와 잤는데 곁에 있던 남자가 임신했을 정도다.

• **리틀 지미 디킨스(150cm)**: 컨트리 음악의 전설로 컨트리 음악 명예의 전당에 이름이 올라 있다. 〈식은 감자를 들고(기다렸지)〉와 〈작지만 자랑스러워〉 같은 노래가 유명하다. 자칭 '잠옷 입은 마이티마우스'다.

• **밥 딜런(168cm)**: 일부 학자에 따르면, 반전 운동의 성가 〈바람만이 아는 대답〉은 거센 돌풍이 그의 조그만 몸을 수천 킬로미터 떨어진 베

트남까지 날려 보내어 그곳에서 전쟁의 덧없는 참상을 직접 목격한 어느 날을 노래한 것이라고 한다. 아니라고 말하는 사람도 있다.

작은 키에 대한 명언

현존 최고의 섹시남 자리를 다투고 있는 보이 조지가 이렇게 말했다. "프린스는 거웃이 가득 담긴 양동이에 넣었다 뺀 난쟁이 같다." 이렇게 묻고 싶다. 안 그런 사람도 있나?

음악가 더 주문하셨나요?

구스타프 말러(163cm): 작곡가

이고르 스트라빈스키(163cm): 작곡가

폴 사이먼(160cm): 작곡가 겸 가수

팻 베나타(155cm): 록 가수

필 콜린스(165cm): 팝 가수

돌리 파튼(152cm): 컨트리 가수 겸 영화배우

톰 요크(163cm): 라디오헤드 리드보컬

제임스 브라운의 키를 논하지 말라

소울음악의 대부 제임스 브라운은 연예계 최고의 노력파이자 섹스광이며 키가 작았다. 그는 168센티미터이지만, 나는 말한 적이 없다. 분명히 말하지만, 나는 말한 적이 없다. 알겠지?

브라운이 세상을 떠난 지 며칠 뒤인 2007년 1월 8일, 애틀랜타에 사는 댄 굴리 2세가 데이비드 제임스 브룩스 2세의 복부에 총을 두 방 쏘았다. 제임스 브라운의 키를 놓고 언쟁을 벌인 뒤였다. 브룩스도 차에서 총을 가져와 굴리를 향해 쏘았지만 빗나가고 말았다. 둘은 경찰에 체포되었고 굴리가 사건의 전말을 털어놓았다.

사실만을 가지고 사건을 재구성해보자. 제임스 브라운의 키가 얼마인지에 대해 의견이 다르다는 이유로 한 남자가 다른 남자의 배에 총을 쏘았다. 이 이상 무슨 말이 필요하겠는가? 그러니 잠시만 내 말에 귀를 기울여주기 바란다. 당신이 누군가에게 제임스 브라운의 키가 168센티미터라고 말했는데 상대방은 제임스 브라운의 키가 168센티미터가 아니라고 생각한다면 당신은 총에 맞을지도 모른다. 아니면, 상대방이 제임스 브라운의 키를 잘못 말하는 데 격분하여 당신이 이성을 잃고 총을 휘두를지도 모를 일이다.

제발 부탁이다. 제임스 브라운의 키를 입에 올리지 말아달라. 이렇게 애원한다.

사상가

예술도, 문자도, 사회도 없고,
무엇보다 끊임없는 두려움과 죽음의 위험이 상존하는
인간의 삶은 외롭고 가난하고 불결하고 야만적이고 '짧다'.
-토머스 홉스, 《리바이어던》, 1부 13장

고등학교 때 운동부에 뽑히지 못한 사람은 사색에 잠길 시간이 아주 많다. 사례를 들어볼까?

역사상 가장 위대한 철학자

근대 철학의 최고봉으로 일컬어지는 18세기 철학자 '이마누엘 칸트'(152cm)가 보편적 도덕 법칙을 확립한 이유는 작은 키 때문에 부당한 처우를 당했기 때문이다.

계몽의 시대를 이끈 프랑스 철학자 '볼테르'(160cm)의 풍자적 위트는 말년의 거처였던 스위스의 키 큰 사람들에게 맞서기 위한 방어 수단이었다.

작가

그래, 나는 엽총만 하다. 하지만 소리도 엽총만 하다구.
–트루먼 커포티(163cm)

키가 커야 작가가 될 수 있다고 생각하는가? 그건 말도 안 되는 소리다. 4미터짜리 신형 타자기로 글을 쓰겠다면 모르지만.

- **오노레 드 발자크**(157cm): '문학의 나폴레옹'을 꿈꾼 사나이 발자크는 19세기 초 프랑스 작가다. 그는 하루에 14~18시간 동안 작업한 끝에 《인간 희극》이라는 150권짜리 대작을 내놓았다. 일설에 따르면, 발자크는 죽음이 임박해서야 의사 비앙숑에게 진료를 받겠다고 말했지만 어디에서도 비앙숑을 찾을 수 없었다. 발자크가 《인간 희극》에서 창조한 가상 인물이었으니까.
- **해리엇 비처 스토**(150cm): 라이먼 비처 목사의 딸 해리엇은 미국 역사에 크나큰 영향을 미친 《톰 아저씨의 오두막》을 썼다. 이 책은 신파조와 기독교식 구원으로 얼룩져 있으나 노

예 제도—특히, 도망노예송환법—에 대한 혐오감을 불러일으키는 데 일조했다. 링컨 대통령은 스토와 만난 자리에서 이렇게 말했다고 한다. "요 자그마한 부인이 이 거대한 전쟁을 일으켰단 말인가?"

- **윌리엄 포크너(166cm)**: '남부의 발자크' 이자 미국 최고의 모더니스트 소설가로 불리는 포크너는 《음향과 분노》, 《압살롬! 압살롬!》, 《키 작은 사람을 위한 남부식 요리법 안내서》를 비롯한 여러 작품을 통해 인간의 내면을 속속들이 파헤쳤다.
- **스콧 피츠제럴드(170cm)**: 소설가이자 시나리오 작가 피츠제럴드가 《위대한 개츠비》를 쓴 목적은 키 작은 사람들도 위대한 업적을 이룰 수 있음을 보여주기 위해서였으리라.
- **존 키츠(155cm)**: 키츠(1795~1821)는 젊은 나이에 폐결핵으로 죽었지만 최고의 낭만주의 시인으로 손꼽힌다. 유명한 작품으로는 〈채프먼의 호메로스를 처음 보았을 때〉와 〈나이팅게일에게〉가 있다. 나는 키츠의 걸작 〈그리스 항아리에게 부치는 송가〉 중에서 그동안 유실되었던 초고를 찾아냈다.

그리스 항아리에게 부치는 송가 –조너선 '스쿱' 키츠

너는 아주 작구나,
나만큼,
분재한 나무처럼.
그리스 항아리는 싫어.
너무 번들거려.
게다가, 벌거벗은 남정네만 잔뜩 나와서 뭘 어쩌자는 건데?
그냥 그렇다고.

그 밖의 작가들

마거릿 미첼(147cm): 《바람과 함께 사라지다》를 썼다.

샬럿 브론테(150cm): 《제인 에어》를 썼다.

할런 엘리슨(165cm): 공상과학소설 작가.

로라 잉걸스 와일더(150cm): 《초원의 집》 시리즈를 썼다.

영화감독

"저 친구는 너무 작아. 저 친구는 너무 …… 커. 저 친구는 …… 게을러보여."
—에드 우드(사상 최악의 영화감독)

대부분의 영화는 감독이 필요하다. 대부분의 감독은 키가 작다. 따라서 삼단 논법에 따르면 대부분의 영화는 키 작은 감독이 필요하다. 아래는 최고의 영화를 만든 키 작은 작가주의 감독들이다.

멜 브룩스(163cm)
스파이크 리(165cm)
마틴 스콜세지(160cm)
우디 앨런(168cm)

스콜세지가 치즈 이름?

스페인 출신의 영화배우 안토니오 반데라스는 미국에서 유명세를 타기 시작했을 때 언어 장벽 때문에 어려움을 겪었다(1992년 작 《맘보 킹》에 출연할 때는 대본에 발음을 적어놓고 외웠다고 한다. 우리의 괴짜 형제 피터 로리도 《너무 많이 안 사나이》에서 이렇게 대본을 외웠다). 기자가 반데라스에게 가장 좋아하는 미국 음식이 뭐냐고 묻자 그는 이렇게 대답했다. "프랜시스 포드 코폴라와 마틴 스콜세지요!"

그 밖에

아래는 당신이 옷을 고를 때 데려갈 수 있는 유명한 미국인들이다.

- 해리엇 터브먼(152cm): 노예 출신으로 지하철도를 이용하여 수백 명의 노예를 탈출시킨 인물.
- 호레이쇼 넬슨 제독(166cm): 우리의 오랜 친구 나폴레옹에게 승리를 거두었으나 자신은 목숨을 잃었다.
- 루스 박사(140cm): 유명한 성심리학자이자 텔레비전 쇼 진행자. 루스는 어릴 때 일기에 이렇게 썼다. "나는 작고 못생겨서 아무도 나와 결혼하지 않을 거야." 하지만 그녀는 세 번 결혼했다. 작은 것이 아름답다! 특히, 에로틱한 비밀을 많이 알고 있다면.
- 마거릿 미드(152cm): 이름난 사회인류학자이며, 사모아 청소년과 미국 청소년의 비교 연구로 명성을 얻었다. 미드의 연구 결과에 따르면, 사모아 청소년들은 느긋하고 여유가 있는 반면 미국 청소년들은 불만투성이 내숭덩어리다.

풀러가 발명한 잡동사니

- **리처드 시먼스(163cm)**: 전 세계적으로 유명한 에어로빅 강사가 되기 전에는 126킬로그램의 몸무게로 뉴올리언스 길거리에서 과자를 팔던 고등학생이었다.
- **버크민스터 풀러(157cm)**: 지오데식 돔(실용적인 돔 건축물-옮긴이)을 발명했다. 둥그런 구 속에서는 누구도 키를 자랑할 수 없다.

유명 인사와 키를 견주어보자.

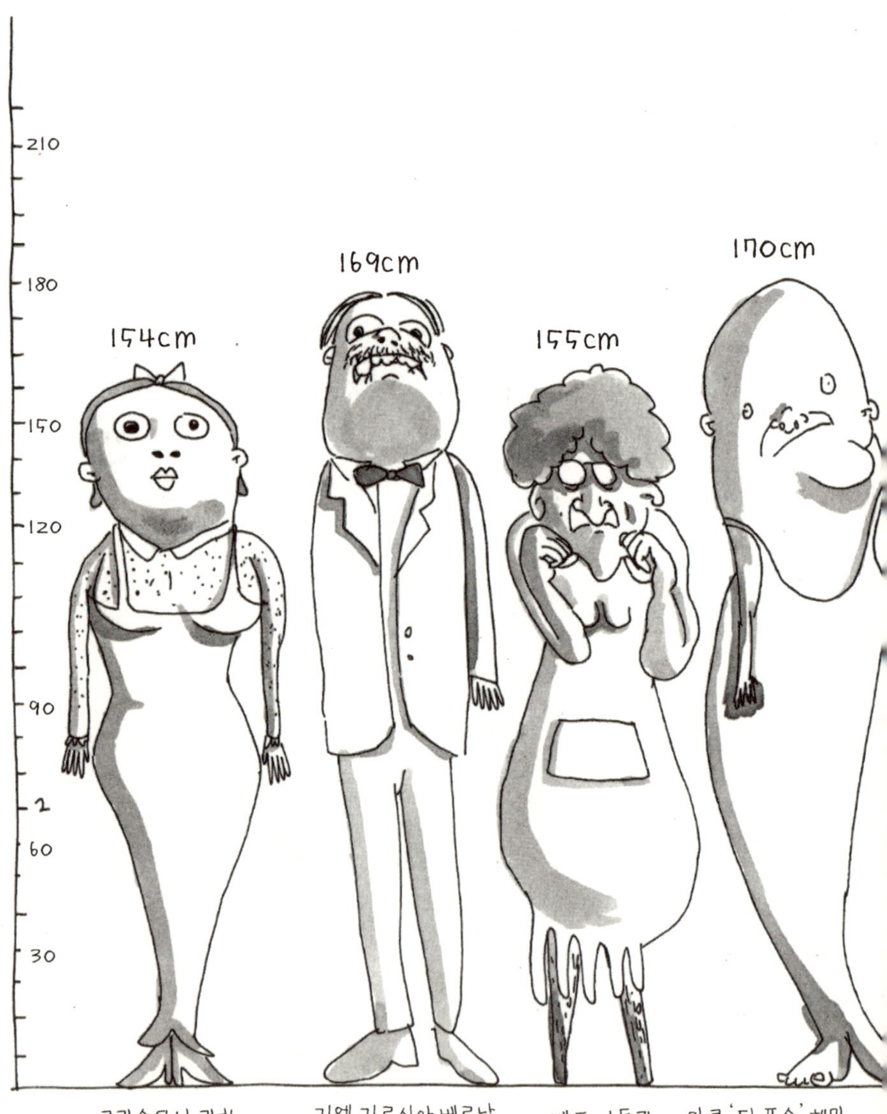

163cm
168cm
152cm
조앤 크로퍼드
헨리 윙클러
셰리 루이스와 램찹

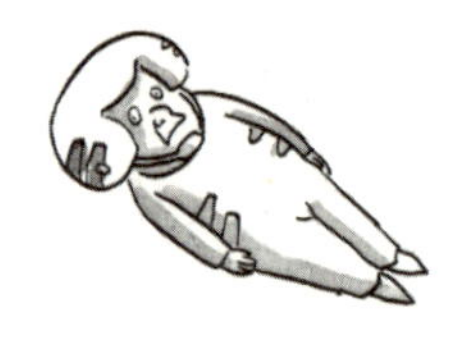

PART FOUR

작은키 대책본부

작은 채로 살아가기*

제 병의 이름은 '연골털 형성 저하증'입니다.
하지만 저를 부를 때는 그냥 '빌리'라고 하시면 됩니다.
—빌리 파티(114cm. 배우이자 미국 작은 키 협회 창립자)

당신을 돕고 싶다. 직접 만날 수는 없겠지만, 당신이 도움을 받고 내가 거기에 한몫했다고 말하고 싶다. 도움이라 함은 당신이 일자리를 얻고, 연인을 찾고, 키가 크는 음식을 먹고, 참다운 진리를 발견하고, 좋은 노래를 배우고, 산뜻한 이탈리아제 옷을 사고, 금전적 · 정서적 · 신체적 고통이 허락하는 한 가장 좋은 성장 호르몬 치료를 받도록 해주는 것을 말한다. 이렇게 많은 도움을 어떻게 주느냐고? 텔레파시를 이용하면 된다. 지금 느껴지지 않나? 나, 지금 당신 머릿속에 들어 있는데. 머릿속이 근질거리지 않아?

* 원제 'Livin' la Vida Poca'는 리키 마틴의 노래 〈미친 듯이 살아가기Livin' la Vida Loca〉를 패러디한 것—옮긴이.

앗, 머리가 아니고 가슴이었군. 이제 2단계로 넘어가자. 키가 작으면 온갖 일상생활에서 불편을 겪는다. 물건이며 옷이며 건물 따위가 모두 키 큰 사람 위주로 되어 있다. 취업이나 연애도 마찬가지다. 4부에서는 우리를 가로막는 사회적 · 신체적 장벽을 넘어서는 방법을 가르쳐준다. 그래도 아무 소용이 없으면, 내가 시도 때도 없이 당신 몸을 들락날락한다는 사실을 명심하고 마음을 편히 가지기 바란다.

작은 키로 직장 다니기

"라디오에 딱 맞는 얼굴이네요"라는 말은 텔레비전에 출연하기에는 너무 못생겼다는 뜻이다. 성량이 풍부한 노랫소리를 들으면 나는 이렇게 말한다. "라디오에 딱 맞는 키네요." 인기 가수들은 대개 키가 작으니까. 힙합과 랩 분야에서는 예전의 블루스와 마찬가지로 신체적 특징을 빗대어 별명을 짓는다. 블루스계에 '눈먼' 레먼 제퍼슨이 있었다면 힙합계에는 '거구에 번데기'(고이 잠드소서)(총에 맞아 죽은 Notorious BIG를 가리킨다-옮긴이)와 '꼬맹이 로미오'가 있다. 이 바닥이 크기를 무지 따지는 건 틀림없다. 그리고 이곳을 지배하는 이들은 우리의 키 작은 형제들이다. 몇 명만 예를 들자면.

'꼬마' 제인 코플런드(160cm)
파이프 더그(160cm)
저메인 두프리(160cm)
킴벌리 '꼬마 킴' 존스(150cm)
시스코(165cm)
베이비페이스(키는 신경 쓰지 말 것. 아주 큰 키에 동안을 상상하면 된다)

어쨌든 '힙합 아티스트'는 키 작은 사람들에게 알맞은 수많은 분야 중 하나일 뿐이다. 다른 분야를 알려주기 전에 당신에 대해 좀 더 알아야겠다. 훌륭한 진로 상담자가 늘 그렇듯—내가 꼭 그렇다는 말은 아니다—간단한 성격 적합도 검사부터 시작하자. 연필심을 갈고, 손에 든 먹을 거 다 먹어치우고, 넥타이를 느슨하게 풀고, 안대는 벗고—약물은 안 돼!—최선을 다해 빈칸을 채워보라. 무엇보다 중요한 것은 정직이다. 이건 매드리브(빈칸을 채워넣어 이야기를 만들어가는 놀이-옮긴이)가 아니니까. 준비, 시작!

제 키는 ____센티미터입니다. 저는 메릴랜드 ____시에 삽니다. ____자동차 정비 학교에 들어가 우리 ___ 차고에서 _____이 되고 싶습니다. 이 책을 집필해주셔서 고맙습니다. 제 꿈을 이루는 데 큰 도움이 되었습니다. 정말 ____.

이제 뭐라고 썼나 볼까? 키가 94센티미터에, 메릴랜드 주 메릴랜드 시에 살고, 랍비 자동차 정비 학교를 지망하고, 랍비 차고에서 화 다스리는 전문가가 되고 싶다고, 마지막으로…… 거기까지! 당신 건실한 청년인 줄 알았는데, 턱도 없잖아. 이 책, 아이들도 보고 있다구!

어쨌든 아무도 이 검사를 진지하게 받아들이지 않았으니 나도 결과를 분석해줄 수 없어. 직업은 아무 거나 좋아하는 걸로 고르시길. 나는 이제 관심이 없으니까. 행운을 비네(나 진짜 화났다구).

폭격기 포탑 사수

이것은 제2차 세계대전 당시 가장 위험한 임무로 꼽혔다. 포탑은 작은 공 모양으로 대전(帶電) 유리로 만들었으며 '하늘을 나는 요새' B-17 폭격기의 바닥에 장착되었다. 사수는 비좁은 공간에 거꾸로 들어앉아 50구경 기관총 두 정을 적기에 겨눈 채 7시간을 버틸 수 있을 만큼 몸집이 작아야 했으며, 탄환을 맞고도 버틸 만큼 튼튼해야 했다.

키잡이

키잡이는 방향을 정하고 명령을 내리는 보트 승무원으로 노를 젓지 않기 때문에, 몸무게가 아주 가벼워야 하며 비좁은 맨 뒤 고물에 앉을 수 있어야 한다. 키잡이는 본질적으로 배의 두뇌다. 키 작은 사람이 본질적으로 사회의 두뇌이듯 말이다. 근거를 대보라고? 천체물리학자 스티븐 호킹도 키잡이 출신이다. 이걸로 부족해? 미국 사회의 모든 분야를 조종하는 것은 수백 년 묵은 두뇌 집단이다. 이 집단은 전직 키잡이들과 (어울리지 않게도) 스티븐 호킹의 전처로 이루어져 있다.

아역 배우

배우 게리 콜먼과 이매뉴얼 루이스가 십대 후반이 되어서도 인기 텔레비전 시트콤에서 아역을 맡을 수 있었던 것은 작은 키 덕분이기도 했다. 대부분의 아역 스타는 나이를 먹으면 들치기나 전직 아역 스타 같은 새로운 직업으로 전향하지만, 신의 은총과 유전적 혜택을 입은 이 두 사람은 여전히 작은 키와 동안을 간직했다.

기수

경마는 속도를 다투는 경기이기 때문에, 기수는 몸집이 작고 몸무게가 가벼워야 한다. 따라서 키가 작은데 운동 선수가 꿈인 (또한 두려움이 없는) 사람에게 제격이다. 몸무게가 늘면 안 되기 때문에 기수 중에는 섭식 장애를 겪는 사람이 많다. 스트레스 때문에—또한 기나긴 밤을 말과 대작하며 보내다가—술독에 빠지는 사람도 있다.

역대 최고의 기수는 윌리 슈메이커(150cm)다. 공교롭게도, 경마계에서 은퇴한 지 1년 만에 자동차 사고로 전신이 마비되었다(경마는 목과 척추 부상으로 악명 높은 스포츠다). 처칠다운스 경마장에서 열린 유명한 경주에서 슈메이커는 펄롱봉(경마에서 거리를 나타내는 푯말-옮긴이) 16개를 지나친 뒤 승리를 만끽하며 안장에서 일어섰다. 하지만 처칠다운스는 펄롱봉이 17개였으며, 그는 경주에서 패했다. 3000년 뒤에도 똑같은 일이 벌어진다. 윌리 슈메이커 207세는 결승점이 토성인 줄 모르고 목성에서 우주선 밖으로 몸을 내민다. 이길 때가 있으면 질 때도 있는 거라네, 아직 태어나지 않은 윌리 슈메이커 207세여.

고든 리처즈 경(150cm)이 여왕을 알현하다.

체조 선수

키 작은 선수가 체조에서 두각을 나타내는 이유는 가느다란 허리를 재빨리 놀려 복잡하고 폭발적인 연기를 보여줄 수 있기 때문이다. 이 때문에 체조 코치는 키가 하위 30퍼센트에 속하는 아이들 중에서 선수를 선발한다. 196센티미터까지 자

최고의 체조선수 부부: 나디아 코마네치와 바트 코너

루마니아 태생으로 키가 150센티미터인 나디아는 올림픽 체조 경기 사상 처음으로 10점 만점을 받은 선수다. 남편 바트(168cm)는 미국 남자 체조 선수 중에 금메달을 가장 많이 땄다. 둘의 키를 더하면 318센티미터다.

랄 아이를 몇 년 동안 죽어라 연습시킬 필요가 없다는 것이다.

고된 훈련과 식이 요법 때문에 사춘기가 늦어지는 경우도 많다. 체조 선수의 음주가 법적으로 허용되는 나이가 43세인 것은 이 때문이다.

보글 챔피언

키 작은 사람이 보글을 잘한다는 사실을 입증할 만한 통계적 상관관계는 없지만, 나는 내가 아는 사람 중에 보글을 가장 잘 하고 키가 아주 작다(보글은 글자가 쓰인 주사위를 굴려 단어를 찾아내는 놀이다–옮긴이). 그리고 잘생겼다.

키 작은 사람에 알맞지 않은 직업

농구 선수	코코넛 따기
기린 털 골라주기	머릿니 검사
전구 갈기	사다리
코끼리 면도하기	노르웨이 사람

남들을 올려다보아야 하는 설움

여인이여, 높디높은 산 위에서 내려오시오.
높은 곳에 사는 게 무슨 낙이라도 있소?-앨프리드 테니슨

이런 경험 있을 거다. 이곳은 칵테일파티, 당신은 감자칩과 다이어트 콜라가 차려진 구석 자리에 서서 조각상을 쳐다보고 있다. 알고 보니 아무도 안 가져가는 양파 소스 사발이 깨진 거였다. 문득, 누군가에게 말을 걸고 싶어진다. 무슨 이유에서건—외로워서건, 사랑을 찾고 싶어서건, 인맥을 쌓고 싶어서건, 집 열쇠를 잃어버려 다른 사람 걸 빌리고 싶어서건, 당신 가족에 대해 낯선 사람에게 들려줄 아주 재미있는 이야기가 생각나서건, 진짜 재치 있는 말장난이 떠올라서건, 《카라마조프가의 형제들》 마지막 문구를 '냄새마을'로 하면 좋겠다는 생각이 들어서건—이유가 무엇이건, 누군가에게 말을 걸고 싶다. 애써 정당화하려 들지 말라. 이런 상황에서 키가 작다는 건 비참한 일이다.

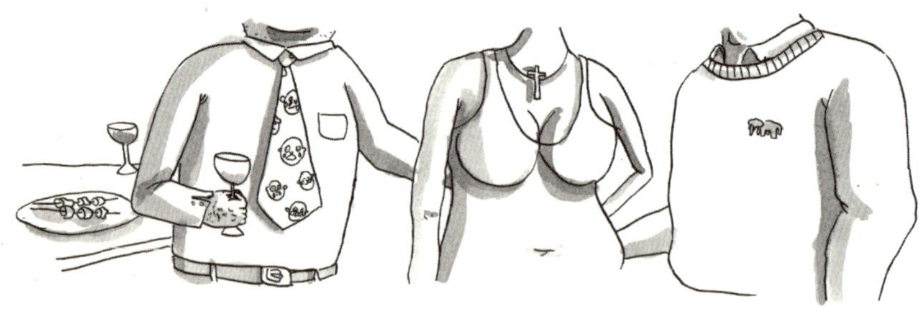

우리의 시야

물론, 우리가 하루 24시간 키 생각만 한다는 말은 아니다. 몇 시간 동안 내가 땅꼬마라는 사실을 까맣게 잊어버릴 때도 있으니까(누가 뭐래도, 혼자 있을 때는 내가 세상에서 가장 큰 사람이다). 하지만 키 큰 사람들에게 둘러싸여 넥타이의 미키마우스 무늬와 허리띠 버클의 미니마우스 그림을 쳐다보고 있기란 대단한 고역이다.

단막극: 작은 키를 절감할 때

장면: 휴가철 칵테일 파티. 수많은 참석자들이 뒤섞여 있다. 사람들은 계속 들어온다. 술은 얼마든지 있지만, 이 밤이 지나면 술값을 치러야 한다. 계산이란 그런 거다. 세상에 공짜란 없다. 이봐, 정신 바짝 차려.

키 작은 남자(이름은 톰이다)가 펀치 테이블 옆에 서 있다. 이빨에 건포도가 끼었나 보려고 국자에 얼굴을 비추어 본다.

모리스: 실례합니다.

톰: 예?

모리스: 국자로 뭘 하시는지 궁금해서요. 귀찮게 할 생각은 없습니다만.

톰: (당황한 표정으로) 아, 아닙니다. 펀치를 좀 마시려고요.

모리스: (톰의 어깨를 툭툭 치며) 이 펀치 말씀이신가?

톰: 그, 그런.

모리스: 메리 크리스마스. 우리 악수나 하지.

톰: 좋아요…… 아윽! (고통으로 몸을 움츠린다.)

모리스: 작은 친구, 내 손맛이 어때? 일명 텍사스의 공포라네. 내가 텍사스 출신이거든. 이럴 수가! 자네 손은 조그만 애기 손 같구만. 엄마 배에서 방금 나온 것 같아.

톰: 그 정도는 아닙니다만.

모리스: 말뜻을 못 알아먹는구만. 여기, 마지! 이리 와서 이 꼬마 친구 손 좀 봐!

마지: 어머, 재미있어라! 꼬마 아저씨, 손 좀 보여줘요!

톰: 이만 가보는 게 좋겠군요.

모리스: 마지, 이 사람들은 꼬마라고 부르면 싫어해. 수직 방향으로 애로사항이 있을 뿐이지. 남아메리카공화국에서 탔던 피그미 말처럼 말이야.

마지: 아이, 귀여워! 클랜시, 보러가드, 볼프, 크리샌스멈! 이리 와서 우리 새 친구한테 인사해요!

클랜시: 멋져!

보러가드: 대단하군!

볼프: 이렇게 귀여울 데가!

크리샌스멈: 훌륭해라! 어디서 데려왔어?

모리스: 우연히 발견했다네. 주식은 좀 어때?

클랜시: 불평할 정도는 아니지, 뭐.

보러가드: (작은 목소리로) 진짜로 얼굴을 찡그릴 수 없다는 뜻이야. 얼마 전에 안면 이식 수술을 받았거든. 찡그리면 얼굴이 거부 반응을 일으킨대.

톰: (키가 닿지 않아 대화를 듣지 못한다.) 뭐라고요?

볼프: 미안하지만 젊은이, 말할 때마다 아래를 볼 수는 없다네.

톰: 나는 마흔네 살이오.

볼프: 이거 왜 이러지? 아야, 뒷목이 다시 뻣뻣해지는군.

클랜시: 볼프, 나 건들지 마. 나 흥분하면 안 돼. 내 얼굴!

마지: 방금 눈치챘는데, 이 꼬마 아저씨 크리샌스멈 가슴을 뚫어져라

쳐다보고 있어.

크리샌스맘: 어머, 귀여워라!

톰: 쳐다보는 거 아니오! 눈높이가 거기일 뿐이지.

모리스: 거기 아래는 날씨가 어때요?

톰: 위쪽과 똑같아요. 10센티미터 차이밖에 안 나면서.

모리스: 흐린가?

(끝)

모든 상황을 이해했는가? 이 한 편의 심심풀이 연극에서, 우리는 키 작은 사람이 남들과 어울리기 힘든 이유를 알아보았다.

- **악수:** 키 큰 사람들은 손이 크다. 이 커다란 손으로 키 작은 사람들의 손을 으깰 듯 움켜쥐는 것이다.
- **키 작은 사람의 대처 방법:** 악수를 할 때 상대방보다 선수를 쳐 손가락을 쥐어짠다. 방금 무슨 짓 한 거야? 장인어른 손 다치셨잖아. 그리고 또? 장인어른에게 듬직한 사람이라는 인상을 남겼군.
- **눈 마주치기:** 키 작은 사람은 이야기할 때 상대방을 올려다보아야 할 경우가 많다. 그러면 목이 뻣뻣해질 뿐 아니라 자세도 우스꽝스러워진다. 게다가 낯선 사람의 목이나 겨드랑이에 처박히지 않으려면 한두 발짝 물러나 각도를 맞추어야 한다. 이 문제는 해결할 방도가 없다. 아, 잠깐. 이 방법이 있었지.
- **아이 증후군:** 키는 성인이 되었다는 뚜렷한 표시이므로, 키 작은 사람은 아이 취급을 받을 때가 많다. 키 큰 사람은 이걸 귀엽다고 생각하기 때문에, 키 작은 사람은 종종 어리광을 부린다. 그러다 어떻게 되

나 볼까? 만일 170센티미터가 안 되는 사람들이 모두 앵앵거리는 아기가 된다면 세상이 멈춰버릴 것이다. 아이 증후군은 정말 심각한 문제다. 실제로는 존재하지 않는 질병이지만, 그래도 심각하기는 마찬가지다.

대화 주제 고르기

사람들이 이야기하고 싶어 하는 주제:

자기가 아는 것.

요즘 잘 풀리는 일.

감명 깊게 본 영화.

좋았든 별로였든, 먹어본 음식.

날씨. 날씨는 바뀌어도, 바뀌지 않아도 대화 주제가 될 수 있다.

사는 곳. 살았던 곳. 사는 곳이나 살았던 곳의 좋은 점.

즐겨 보는 스포츠에 대해 이야기하기를 좋아하는 사람들도 있다.

사람들이 이야기하고 싶어 하지 않는 주제:

자신의 약점.

악취.

사료를 게우는 동물.

당신이 상대방에게 '이것 좀 해줬으면' 하고 바라는 것.

연애와 키

서른네 살 그녀는 너무나 어여쁜 여인이다.
조물주의 걸작인 이 여인은 흠이 아주 많다.
턱은 두 겹으로 늘어지고 다리는 짜리몽땅인 데다 배는 약간 올챙이배다.
하지만 가슴이 끝내준다.–리처드 버튼

연애는 누구에게나 어려운 일이다. 키가 크든 작든, 사이즈가 크든 작든, 피자든 파스타든, 아니면 아이스크림이든 말이다. 물론 연애 고민이 전혀 없는 사람도 있다. 하지만 명심할 것은 겉보기에는 행복하게 보이는 사람들도, 2층짜리 고급주택 자기 집에 돌아가서는 원형 물침대에 누워 곰가죽 담요와 상어가죽 베개를 베고 패션잡지나 할리우드 영화에서나 본 여자와 무의미하고 외설적이고 상상을 초월하는 섹스를 한다는…… 이런, 이야기가 옆길로 새버렸군.

그러니까 일부 예외를 제외하면 모든 사람이 연애에 어려움을 겪는다는 말이다. 키 작은 사람은 더 힘들다. 한 가지 이유는, 2부에서 보았듯 여자가 키 큰 남자에게 끌리기 때문이다. 연구에 따르면, 미국 여자 중에서 자기보다 키 작은 남자와 사귀겠다는 사람은 15퍼센트가 안 되며 결혼한 남녀 커플의 99퍼센트는 여자가 더 작다(동성애는 좀 더 희망적이다. 남자는 상대방 남자보다 거의 항상 키가 작고, 여자도 상대방 여자보다 거의 항상 키가 작다). 키 작은 남자는 통계상으로도 지고 들어간다. 온라인 데이트 웹사이트와 애인 구함 광고에서는 반드시 키를 물어본다. 다른 조건이 아무리 훌륭해도 자기보다 키 큰 여자에게는 데이트 신청을 하지 못하도록 금지하는 웹사이트도 있다.

설교를 늘어놓을 생각은 없다. 여자가 키 큰 남자에게 끌린다면 그러라지 뭐. 어차피 우리는 모두 페로몬의 노예니까. 하지만 사람이 사람에게 끌리는 데는 오만가지 별난 이유가 있으며, 키는 그중 하나일 뿐이다. 키 때문에 연애에 지장을 받는다면 정말 안타까운 일이다. 하지만 매력적인 성격, 다정한 마음씨, 섹시한 털이 있으면 큰 도움이 된다. 그리고 자신감도. 자신이 키가 큰 사람인 것처럼 자신감을 가지라. 키 때문에 기죽지 말고. 목표를 달성하라. 배불리 먹고도 다이어트 하는 방법은 있다. 개구리를 튀김솥에 넣고, 녀석을 독립 선언서라 불러주라. 유니콘과 결혼하라. 세상은 당신의 진주조개다. 진주가 생기도록 간질여보라.

낯선 이에게 말 걸기

딱히 할 말을 찾지 못하면 자신감을 가지기 힘들다. 키 큰 사람을 만났을 때는 이런 식으로 말문을 터보자.

"안녕하세요. 여기 천장이 이렇게 낮은 줄 몰랐네요. 제가 있는 곳으로 내려와서 바닥 좀 살펴보실래요?"

"당신처럼 매력적인 여인은 처음 봐요. 당신이 나무라면 저는 매미가 되고 싶군요."

"키란 생각하기 나름이라고 생각해요. 저는 생각이 짧답니다."

"키는 작지만 저희 집안은 대대로 장수를 누렸어요."

"당신에게 입 맞추려면 사다리가 필요할 테죠. 지금 하나 사오고 싶어요."

"당신에 대해 잘 모르지만, 함께 나가서 우리 몸의 차이점을 더 살펴보고 싶군요."

"반대쪽에 앉아 있었는데, 당신이 나를 손가락질하며 작은 키를 놀려

대는 게 훤히 보이더군요."

키 큰 사람과 이미 사귀고 있다면?

조지: 소원이 하나 있다면 키 큰 여자와 한번 자보는 걸세. 진짜 큰 여자, 거인처럼 말이지, 195센티미터는 되는 여자 말이야.

제리: 진짜로?

조지: 자네가 자본 여자 중에 제일 큰 여자 키가 얼마나 되나?

제리: 글쎄, 190센티미터?

조지: 우와! 세상에나! 내가 꿈꾸던 건데. 거인과 자는 것 말야. 내 삶의 목표라구. -《사인펠드》

키 큰 여자나 덩치 큰 남자를 내 것으로 만드는 비법보다 더 중요한 문제가 있다. 가까스로 거인의 마음을 사로잡아도 키 차이 때문에 닥치는 현실적인 어려움이 있기 때문이다. 몇 가지만 예를 들어보자.

상황	키 작은 사람의 경우	키 큰 사람의 경우
춤출 때	발목을 부러뜨리고는 영화나 보러 가자고 말한다.	웃음을 터뜨리며 (신체 접촉이 없는) 브레이크댄스나 추자고 우긴다.
남들이 수군거릴 때	신경 쓰지 말고, 대놓고 애무하여 질투심을 불러일으킨다.	애무한다.
회사 야유회에서 이인삼각 경기를 할 때	공식적으로 사내 커플은 금지다.	키 작은 상대를 세번째 다리로 이용한다.

자신감을 기르는 비법

자기 스스로 작지 않다고 생각하면, 남들도 그렇게 생각하게 된다.

아래는 당신이 키가 작다는 사실을 자연스럽게 감추는 방법이다.

몸무게를 늘리고 운동을 한다. 사람들은 당신 키보다 덩치를 먼저 볼 것이다.

아프리카 사람처럼 머리를 거대하게 부풀린다. 애나 스원이 서커스 공연할 때 자기 키가 244센티미터라고 말한 것은 높이 세운 머리카락을 합친 길이였다.

항상 팔을 위로 쭉 뻗고는 팔꿈치를 구부려 머리 꼭대기에서 손을 깍지 낀다. 그러면 보이지 않는 머리가 손 위에 하나 더 놓여 있는 듯한 착각을 일으킨다. 사람들은 보이지 않는 머리 길이만큼 당신 키를 크게 볼 것이다.

항상 망토를 걸치고 지팡이를 들고 다닌다. 사람들은 당신이 키가 작다는 것을 잊어버리고 귀족으로만 여길 것이다.

현실을 인정하라. 연애는 선수들에게 맡겨라.

키 작은 사람이 춤추는 법

"훤칠하고 근사한 지휘관이 턱수염을 깎고
우아하게 늘어뜨린 머릿결을 뽐내며 다니는 것은 내 취향이 아니에요.
차라리 키가 작고 다리가 휘었더라도,
담대하고 선량한 마음씨를 가지고 굳세게 버티고 선 채
두둑한 배짱을 보여주는 남자를 택하겠어요."
-아르킬로코스(기원전 7세기 그리스 시인)

작은 키는 춤추기에 알맞지 않다.

이렇게 된다.

이런 거라면 모를까.

애인 구함 광고

'짧은' 말에 많은 지혜가 담기느니라. -소포클레스

키 큰 SWF(미혼 백인 여자)가 R2D2와 C3PO(《스타워즈》에서 제다이를 보좌하는 로봇-옮긴이)를 찾습니다.

우리 집은 사과 과수원을 하는데 저는 키가 작고 사다리가 없어요. 사과를 따줄 키 큰 남자 없나요?

키 작은 남자가 물을 찾아 사막을 기어갑니다.

사막의 키 큰 오아시스가 물과 과일을 선사할 키 큰 남자를 찾습니다. 키 작은 남자 사절!

키 작은 코끼리가 키 큰 돼지를 찾습니다.

저는 삶의 섬세한 기쁨을 즐길 줄 아는 키 큰 남자입니다. 해변을 정처 없이 거닐기, 해변을 잠깐 산책하기, 해변에서 잠깐 낮잠 자기, 해변에서 늘어지게 자고 밥 먹기를 좋아합니다. 당신이 키 작은 여인이고 해변의 노숙자 생활을 개의치 않는다면 전화주세요…… 조가비에서.

키다리 선장이 작다리 1등항해사를 구함. 겁쟁이는 필요없음.

그럭저럭 키 큰 여자가 그럭저럭 말동무할 그럭저럭 키 작은 여자를 찾아요.

다이어트 중인 비만남이 키 작은 팬케이크를 찾습니다.

키 작은 암컷 팬케이크가 자기 남편을 먹어치운 비만남을 찾습니다.

키 작은 벌목꾼이 키 큰 나무를 찾습니다.

키 작은 사람의 식탁 예절

내가 밥을 너무 많이 먹어서 살이 쪘다면 훨씬 열등감을 느꼈을 것이다.
폭식을 그만두고 절제를 하면 살을 뺄 수 있다는 걸 알기 때문이다.
하지만 작은 키는 어떻게 해볼 도리가 없다.
그냥 감수하고 사는 수밖에. -마이클 J. 폭스

당신은 온갖 사이즈의 사람들과 친분을 맺었으며, 유쾌하고 매력적인 친구에게 저녁 초대를 받는다. 당신은 꽃과 고구마 사탕절임을 든 채 근사하게 등장한다. 그윽한 눈길로 상대방의 눈을 바라보며 천천히 자리에 앉는다. 그리고는…… 어이쿠! 의자가 너무 낮잖아. 턱은 식탁 위에 가까스로 얹혀 있고 발은 춤추는 꼭두각시마냥 공중에서 덜렁거린다.

간신히 높이를 맞추어 앉았지만 문제가 또 있다. 포크는 어떤 걸 써야 하나? 내가 작으니까 작은 걸 써야 할까, 짧은 팔을 보완하기 위해 긴 걸 써야 할까? 식탁 예절 지침서에는 바깥에 놓인 가장 작은 포크에서 시작하여 점점 안쪽의 큰 것으로 바꾸라고 나와 있으니 맨 끝의 가장 짧은 굴 포크를 쓴 다음, 두번째로 짧은 생선 포크를 집어 든다. 그리고는 냅킨을 식탁 위에 내려놓고, 점심을 많이 먹어서 배고프지 않다고 말한다. 예절을 아는 사람들은 주인이 냅킨을 식탁에 내려놓아야만 식사가 끝나는 것으로 알고 있기 때문에, 혼란에 빠진 주인은 자기가 손님인 줄 착각한다. 이들이 잘 먹었다고 인사한 뒤 돌아가면, 새로 단장한 근사한 집은 이제 내 것이 된다.

의자 높이 조절하는 비법

식탁이 너무 높아서 의자를 올리고 싶으면 이렇게 해보자. 과장된 몸짓으로 요란을 떨다가 냅킨과 수저를 손으로 쳐 떨어뜨린다. 몇 차례 반복한다. 그때마다 새 냅킨과 수저를 가져다줄 것이다. 포크를 줍겠다며 식탁 밑으로 내려가 재빨리 나이프와 포크(뾰족한 끝이 아래를 보도록 한다), 스푼을 귀틀집 모양으로 쌓는다(그림 참조). 냅킨을 덮는다. 이런 '사고'를 너덧 번 치고 나면 영국 여왕만큼 커질 수 있다.

그림 1
그림 2
그림 3

작은 키 탈출 캠프

요즘 '비만 탈출 캠프' 열기가 뜨겁다. 조금 부러운 생각이 든다. 달리기에, 게임에, 호수에서 수영도 하고, 가벼운 여름 음식을 먹으면 얼마나 좋을까. 여름마다 지하 100미터에 있는 탄광 자료 수집 센터에서 일하는 것보다야 훨씬 낫겠지. 수당은 고사하고 임금도 못 받으면서.

'작은 키 탈출 캠프'라는 것을 상상해보자. 제대로 먹고 열심히 운동하면 자신의 최대 잠재 신장에 도달할 가능성이 훨씬 커진다는 점에서는 비만 탈출 캠프와 비슷하다. 하지만 작은 키 전용의 근사한 프로그램도 많이 있다.

작은 키 탈출 캠프의 하루 일과

오전 5:00: 단잠에서 깬다.

오전 5:01: 짧은 옷을 차려입는다.

오전 5:05: 이불을 갠다.

오전 5:30: 세 시간 동안 스트레칭(스트레칭을 하면 키가 커질지도 몰라).

오전 8:30: 아침식사.

오전 9:00: 네 시간 동안 의자에 꼿꼿이 앉아 있는다(자세를 바르게 하면 5센티미터가 커진다).

오후 1:00: 점심식사.

오후 1:30: 낮잠(성장 활동은 자는 동안 이루어진다. 그래 봐야 물살

이긴 하지만).

오후 5:00: 운동(테니스장에서 배구, 탁구대에서 테니스, 단풍나무 잎 위에서 야구, 새장에서 축구를 한다).

오후 10:00: 저녁식사.

오후 11:00: 키 재기.

오전 1:00: 취침.

조금 빡빡한 감이 있다는 건 알지만, 예전에 비하면 이건 약과다. 1950년대 캐츠킬 휴양지에서 실시된 '땅꼬마 십대 캠프'의 하루 일과를 보면 미국에서 작은 키가 얼마나 고민거리였는지 알 수 있다.

땅꼬마 십대 캠프의 하루 일과

오전 5:00: 기상.

오전 5:30: 착의.

오전 5:01: 미용 체조와 팔 굽혀 펴기

오전 6:00: '상자' 안에서 8시간 버티기.

오후 2:00: 아침식사–미음.

오후 3:00: 점심식사–다시 데운 미음.

오후 3:30: 저녁식사–아침 먹고 남은 식은 미음.

오후 5:00: '상자' 안에서 5시간 버티기.

오후 10:00: 존버치협회(미국 극우 단체–옮긴이) 모임.

오전 12:00: 그룹별 규탄 대회.

오전 3:00: 소등.

키 작은 사람들의 애국가

〈나의 조국은 당신 것〉*의 가락에 맞추어

나의 조국은 작다네,
내 머리와 뼈대도 작다네,
나는 당신을 노래하네.

포크가 짧은 나라,
집이 작은 나라,
두—두—두더지 둔덕부터
모두가 작다네.

옷이 짧은 나라,
학교가 작은 나라,
두—두—두더지 둔덕부터,
많은 것이 작다네.

자동차가 작은 나라,
산이 야트막한 나라,
식당이 작은 나라,

* 영국 국가 〈신이여, 여왕을 구하소서〉를 미국인 새뮤얼 스미스가 개사한 노래—옮긴이

쇼핑몰 하면 스트립몰(상가가 한 줄로 늘어선 쇼핑몰—옮긴이)인 나라,
스트립 클럽 하면 그냥 클럽인 나라,
귀가 작은 나라,
맥주가 라지 사이즈인 나라,
욕조가 작은 나라,
아기가 작은 나라,
쥐가 커보이는 나라,
바지 길이가 꼭 맞는 나라,
바지 품이 헐렁한 나라,
양탄자마저 작다네,
가장 넓다는 양탄자마저도 작다네,
두—두—두더지 둔덕부터,
이 나라의 모든 것이 작다네.

(합창으로)

거울이 작은 나라,
거울에 비친 영상이 작은 나라,
작은 호수에 비친 영상이 작은 나라,
우리 마음속에 비친 영상이 작은 나라,
하지만 우리 속은 좁지 않다네,
뇌는 작을지 몰라도.
머리가 작으니,
몸통이 작으니,

두—두—두더지 둔덕부터,
비유를 들어도 크기만 견준다네.

작기에 행복한 나라,
우리가 작아 모두가 행복한 나라,
모두가 작기에,
이곳에서는 작은 키가 정상이기에,
그런데, 작다는 게 뭐지?
모두가 작다면 비교할 대상이 없는걸,
두—두—두더지 둔덕부터,
작은 이들의 나라에서는 질문 속에 또 다른 질문이 담겨 있다네.

나의 조국은 작다네,
친구와 가족,
모두가 작다네.

작은 이의 기도

이봐 젊은이, 자네 팔은 신과 싸우기에는 너무 짧군.
–제임스 웰던 존슨(소설가 겸 시인)

삶의 의미는 어디에서 찾아야 할까? 시를 쓰면 찾을 수 있을까? 노래를 지으면 찾을 수 있을까? 그림을 그리면 찾을 수 있을까? 나는 베란다에 앉아 포도주를 홀짝거리며 길거리를 지나는 여인들을 감상하고 돈을 구걸하는 데서 삶의 의미를 찾는다. 종교를 믿는 사람들은 물건이나 남신이나 여신, 아니면 남신들이나 여신들을 숭배하면서 삶의 의미를 찾는다. 본론으로 들어가자. 키 작은 사람에게 알맞은 종교는 무엇일까?

신

'힌두교'는 어떨까? 비슈누 신의 다섯 번째 화신 바마나는 마왕 발리를 속이기 위해 난쟁이 브라만으로 변신한다. 자기보다 키 큰 신을 모시고 싶지 않은 사람은 힌두교를 5분의 1만 믿는 게 어떨까?

예수의 키는 155센티미터였다. 이건 입증된 사실이다.

신약 성경에서 가장 짧은 구절은 '예수께서 눈물을 흘리시더라'(요한복음 11장 35절)다. 예수는 나사로의 무덤 앞에서 울었다. 가장 긴 구절은 예수가 쇼핑하러 가는 장면이다.
신약 성경에 따르면, 예수는 삭개오라는 난쟁이 세리장 집에서 저녁을 먹는다. 메뉴는 타이 음식이었다.

'라스타파리아니즘'은 1930년부터 1974년까지 에티오피아를 다스린 키 163센티미터의 황제 하일레 셀라시에 1세가 메시아라고 믿는다. 셀라시에는 정치인으로서 우여곡절을 겪었지만 신으로서는 탄탄대로를 걸었다.

고대 종교를 좋아한다면 '이집트' 종교의 뚱뚱하고 활기찬 난쟁이 쾌락주의자 신 베스가 맘에 들 것이다.

낡은 종교가 싫다면, 하나 만들지 뭐!

재료 수정 구슬 몇 개, 향 몇 개, 피타칩(피타 빵을 잘라 구운 과자─옮긴이)과 움무스(병아리콩을 갈아 만든 소스─옮긴이), 어수룩한 친구들(정신이 좀 나간 녀석들도 괜찮다).

예언자

'모르몬교'의 창시자 조지프 스미스는 달에 사는 사람들이 모두 180센티미터가 넘고 퀘이커교 복장을 하고 있으며 수명이 1000년이라고 주장했다(수명 말고는 둘 다 자기 얘기다). 이것이 모르몬교를 믿는 것과 무슨 상관이냐고 하겠지만, 달에 사는 종족과 함께 지낼 생각은 안 하는 게 좋겠다. 난쟁이 똥자루는 그곳에서 쉽게 눈에 띌 테니 말이다.

'이슬람교' 예언자 무함마드는 키가 크지도 작지도 않았기 때문에 당신에게는 별 매력이 없을 것이다. 이슬람 경전에 따르면, 무함마드는 아담(아담과 이브 부부의 그 아담)의 키가 60큐빗(약 27미터)이라고 말했다. 에덴에서 가장 고생스럽게 일하는 사람은? 답: 아담의 재단사.

성인

'로마 가톨릭' 의 성인 잔 다르크는 키가 150센티미터였으며, 15세기 초 영국에 맞서 프랑스군을 이끌 당시 그녀의 나이 17세였다. 이단으로 몰려 화형당했으나 약 25년 뒤에 명예를 회복했다. 잔 다르크는 그제서야 편히 눈을 감았으리라.

사원

2005년, 중국 북서부 타클라마칸 사막의 남쪽 가장자리에서 고고학자들은 세상에서 가장 작은 절을 발굴했다. 이곳은 1500년 된 대승 '불교' 사원으로 길이가 2.3미터에 높이가 1.3미터여서 여간 작은 사람이 아니면 들어가기가 힘들다.

2007년에 매사추세츠 뉴턴에서 한 청소부가 발견한 성물함에는 빅토리아시크릿(여자 속옷 회사—옮긴이) 카탈로그, 《스포츠 일러스트레이티드》 수영복 특별판, 버지니아 울프의 빛바랜 《댈러웨이 부인》이 들어 있었다. 근처에서 발견된 사진으로 보건대, 성물함의 주인은 160센티미터가 채 되지 않는

듯하다. 그는 성자인가, 죄인인가? 판단은 키 작은 사람들의 신께서 내리실 것이다(키 작은 사람들의 신은 피아노를 연주하는 고양이시다).

경전

작가 아룬다티 로이는 《작은 것들의 신》이라는 책을 썼다.

성장 치료

아직도 큰 키가 매력적이라고 굳게 믿는다면 당신은 이렇게 생각하고 있을지도 모른다. 아무리 끔찍하고 비인간적인 방법을 쓰더라도 키만 클 수 있다면…….

다리 늘이기

다리를 늘이는 성형 수술은 주로 양쪽 다리가 짝짝이인 아이나 왜소증을 앓는 사람에게 시술했으나, 요즘에는 단순히 키가 작은 사람(영화 《가타카》에서 에단 호크가 맡은 역할을 포함하여)에게도 문호를 넓혔다.

수술은 네 단계로 이루어진다.

1단계, 의사와 상담하고 다리 엑스선 사진을 찍는다. 1단계는 바보 천치라도 할 수 있다. 나는 수백억 번도 더 해봤다.

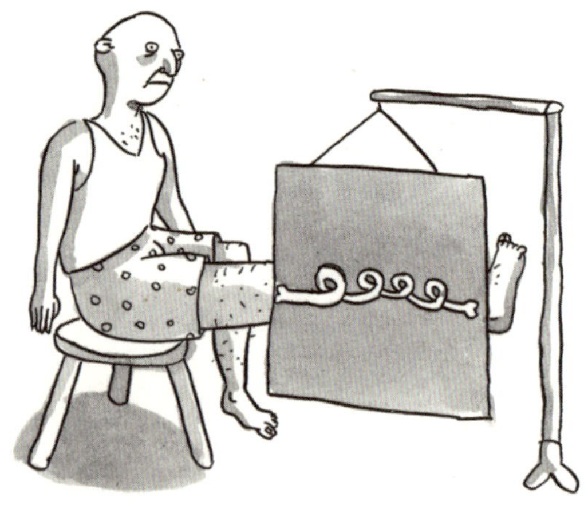

2단계, '의사'가 정강이뼈와 종아리뼈를 부러뜨리는 '수술'을 시행한다. 뼈에 철심을 박은 다음 나사가 달린 외부 고정 장치에 연결한다.

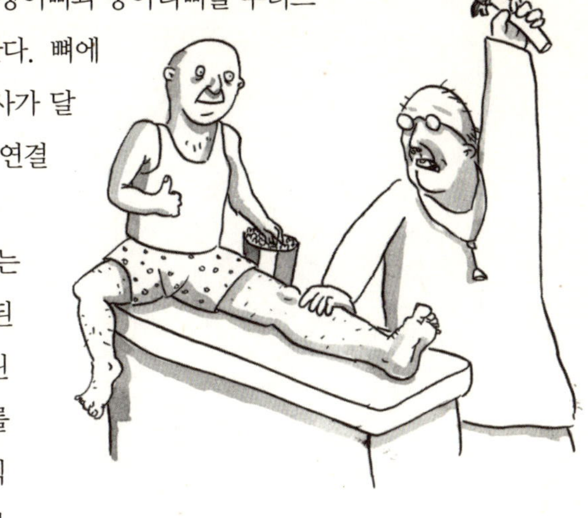

'늘이기' 단계에서는 훨체어 신세를 지게 된다. 고정 장치에 달린 나사를 돌려 뼈 사이를 날마다 1밀리미터씩 벌린다. 이때 통증이 엄청나기 때문에 진통제를 잔뜩 투여해야 한다. 뼈가 벌어지면 새로운 뼈 조직이 자라 틈새를 메운다. 이렇게 해서 두세 달이 지나면 다리가 5~8센티미터 늘어난다.

마지막 단계는 '강화' 단계이며 기간은 3개월에서 1년 사이이다. 외부 고정 장치를 떼고 물리 치료를 받지만, 부드러운 뼈가 몸무게를 지탱할 수 있을 때까지는 걸어서는 안 된다. 치료가 모두 끝나면 키가 몇 센티미터 커진다. 게다가 특별 보너스로, 다리 덕분에 언제 진통제를 먹어야 할지도 예측할 수 있다.

중국의 사례

중국은 국제 무역에 적극적으로 참여하기 시작하면서 외교관과 정부 공무원의 키에 대한 비공식 기준을 마련했다. 여자는 157센티미터, 남자는 170센티미터다. 건강과 외모에 대한 기준도 있다. 이를테면, 후난

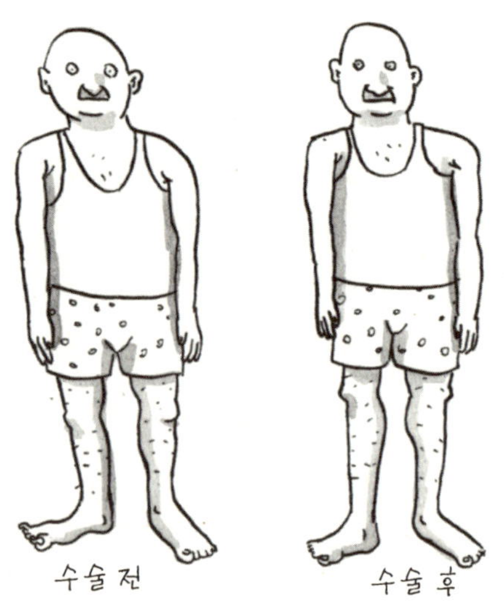
수술 전
수술 후

성에서는 가슴이 짝짝이인 여자는 공무원이 될 수 없다. 여자들이 키 제한을 통과한 다음 벽에 붙어 서서 가슴 대칭 검사를 받는 장면을 상상해보라. 이 사람들은 언제쯤이 되어야 사춘기를 제대로 넘기는 법을 배울 수 있을까?

성장 호르몬 치료

성장 호르몬 치료는 성장 호르몬이 부족해 최대 잠재 신장에 도달하지 못하는 사람에게 매우 효과적인 수단이다. 성장 호르몬은 어떻게 작용할까? 이걸 이해하려면 과학적 배경 지식이 좀 필요하기 때문에, 배경 음악으로 라디오를 틀어두는 게 좋겠다. 의과 대학을 소재로 한 영화를 보면, 중요한 시험공부를 할 때 다들 이렇게 하니까.

머리말에서 설명했듯, 내분비계에 문제가 생기면 성장 장애를 겪을 수 있다. 뇌하수체(뇌에 있으며 크기는 작지만 아주 중요한 분비샘)에서 분비하는 소마토트로핀(성장 호르몬)은 뼈대를 자라게 한다.

혀 굴리기 연습

아래 단어를 열 번씩 빠르게 발음해보자.

1. 소마토트로핀(Somatotropin)
2. 뇌하수체(Pituitary)
3. 수학-니-뽕이다(Mathfart)

인체 성장 호르몬 치료는 소마트로핀을 몸에 넣어주는 것이다(소마트로핀은 인공 합성한 소마토트로핀이다—못 믿겠으면 직접 찾아보시라). 가루로 되어 있으며, 물에 녹여 매일 주사한다. 키가 커지는 것 말고도 근력과 골밀도가 커지고 지방이 줄어드는 등 효과가 즉시 나타난다.

소마토트로핀의 공포

최초의 인체 성장 호르몬 치료는 1950년대에 실시되었다. 이때는 시체의 뇌하수체에서 호르몬을 추출했기 때문에, 질병에 감염될 위험이 있었다고 한다.

애들은 일찌감치 검사를 받도록 할 것

성장 호르몬 결핍증을 일찍 발견할수록 최대 잠재 신장까지 자랄 가능성이 커진다. 그렇다면, 아이가 어릴 때 검사를 시켜주지 않았으면 나쁜 부모일까? 절대 그렇지 않다. 작은 키는 무엇보다 멋진 일이니까. 하지만 이제 알았으니 얼른 가서 호르몬 검사를 해주라. 너 혹시 아직 어린애인데 키가 작아서 이 책을 읽고 있다면, 당장 자러 가! 잠깐, 이부터 닦아야지. 그 다음에 이불 덮고 드러누워!

안타깝게도 누구나 이 치료를 받을 수 있는 것은 아니다. 합성 성장 호르몬 치료는 비용이 일주일에 1000달러까지 들 수 있으며, 성장 호르몬을 충분히 생산하지 못하는 아이에게만 시행해야 한다.

그 밖에 나쁜 것이 있다면?

뭐가 나쁘냐고? 칵테일이 나쁘다! 합성 인체 성장 호르몬과 아나볼릭 스테로이드를 섞어 쓰는 것을 칵테일이라고 하는데, 이게 나쁘다는 거다! 1990년대부터 프로 운동선수들은 이 칵테일을 썼다. 인체 성장 호르몬이 근육량과 근력을 늘려줄 뿐 아니라 검사해도 잘 검출되지 않기 때문이다. 하지만 스테로이드를 쓰는 것은 반칙이다. 비유하자면, 오타 검사를 하는 데 그치지 않고 글을 더 생생하고 애절하게 만들어주는 도구를 쓰거나, 시를 쓸 때 압운 사전 말고 목가적 은유 사전을 보는 식이다. 칵테일 애호가여, 그대의 통뼈에서 칵테일이 다 빠져나갔는가? 좋다. 이제 하루에 10시간씩 30년 동안 운동하라.

"나는 키가 정말 작았다. 키 크는 주사가 있는지 의사한테 물어본 적도 있다. 키는 작았어도 달리기를 할 때는 누구에게도 지기 싫었다. 이유는 모르겠지만, 운명의 여신은 내게 야망과 도전 정신과 추진력만을 선사했다."–《반지의 제왕》과 《루디》의 주연 배우 숀 애스틴이 연기를 위해 스테로이드를 복용한다는 증거

덜 힘든 키 크기 방법

- **죽마**: 죽마(竹馬)는 다루기가 꽤 힘들다. 이걸 모르는 사람이 꽤 많다.
- **전통의 '신발 속에 벽돌 넣기'**: 벽돌 넣은 신발을 신고 다니면 된다. 아주 간단하다. 해변에서 맨발로 다닐 때는 키가 작아지지만, 그래도 상관없다면 해변에 가라. 얼른! (기후 변화 때

문에) 해변이 침식되고 있다.

- **발 체조:** 발바닥 근육을 충분히 부풀리면 키를 23~25센티미터는 늘릴 수 있다.
- **스트레칭:** 하루에 두 번씩 스트레칭을 하여 자세를 바로잡으면 키가 확 달라진다. 몸도 유연해져서 모던 댄스에서 두각을 나타낼 수 있다.

주변 사물 줄이기

과학은 키 작은 사람을 크게 만들 뿐 아니라 키 큰 물체를 작게 만들 수도 있다. 키 작은 사람의 삶을 윤택하게 해주는—이를테면, 포드 미니버스를 타고 시가릴로(작은 시가-옮긴이)를 피우며 캐비어 밀크셰이크를 홀짝거려보자—발명품들에는 어떤 것이 있을까?

- **자동차**: 어떤 회사는 키 작은 사람을 위한 소형차를 만들고, 또 어떤 회사는 일반적인 크기의 차를 쉽게 운전할 수 있는 제품을 판다. 연장 브레이크와 연장 페달, 쿠션을 이용하거나 차 바닥을 높일 수도 있다. 이 말 했는지 모르겠지만, 이런 멋진 액세서리들을 보면 정말이지…… 자동차가 하나 있었으면 좋겠다.
- **에어백**: 키 작은 사람이 운전할 때 두려운 것은 에어백이 얼굴을 짓뭉갤 수 있다는 것이다. 사고가 나면 운전자가 핸들에 부딪히지 않도록 에어백이 시속 322킬로미터로 부풀어오른다. 하지만 키 작은 당신이 핸들에 바짝 붙어 있다가는 에어백이 두개골을 쪼개고 뼈를 부러뜨리고 목을 꺾고 당신 부인과 자고 아이들에게 할머니 흉을 볼지도 모른다. 과학적인 해결책이 있냐고? 에어백을 끄면 된다. 이제 당신은 자동차 사고가 났을 때 두 가지 방법으로 죽을 수 있다.
- **말할 가치는 없지만**: 키 작은 사람을 위한 란제리가 있다. 내가 이걸 어떻게 알았는지는 밝히고 싶지 않다. 다만, 가격이 무지 비싸다는 것만 말해두지.

• **테니스 라켓**: 175센티미터의 테니스 스타 마이클 창은 신장과 팔 길이의 열세를 만회하려면 라켓 길이를 늘려야 한다는 사실을 깨달았다. 그리하여 71센티미터짜리 라켓이 탄생했다(일반 라켓보다 2센티미터가 더 길다). 결과는 과연? 이건 마치 달리기가 뒤처지는 사람에게 자동차를 주고는 차를 타고 경주하라는 것과 마찬가지다.
• **지하철**: 키 작은 사람을 위한 미니 지하철이 있으면 좋겠지만, 그런 건 만들지 않는다. 하지만 워싱턴 지하철은 2007년 2월에 손잡이에 용수철을 달아 키 작은 사람도 손잡이를 잡을 수 있도록 했다. 키 큰 사람 수염을 손잡이 대용으로 쓰도록 하려던 처음 발상보다는 괜찮아 보인다.
• **집**: 삑! 건물이며 가구며 몽땅 작게 만든 집이요! 딩동댕, 정답!
• **말**: 조랑말이라고, 작은 말 품종이 원래부터 있었다.

옷에 대한 불만

나는 남자다. 하지만 남성용 미디엄 사이즈의 티셔츠를 입으면 꼭 헐렁한 여성용 드레스처럼 보인다. 바지를 허리에 맞춰 고르면 신발 아래로 흘러내린다. 목둘레에 맞는 와이셔츠는 바지 속으로 잔뜩 접어 넣어야 해서 마치 기저귀를 찬 것 같다. 키 작은 여자는 길게 끌리는 트레인이 달린 웨딩드레스에 돈을 쓸 필요가 없다. 일반 드레스로도 같은 효과를 낼 수 있으니까. 남자도 마찬가지다. 평범한 턱시도 등쪽의 솔기를 뜯어내면 멋진 연미복이 되니 말이다. 모자는 어떡하냐고? 장갑을 쓰면 되잖아. 선글라스를 쓰고 싶다고? 병뚜껑을 써 봐. 그래, 바로 그거야. 키 작은 사람을 위한 옷은 왜 안 만들어주는 거냐고.

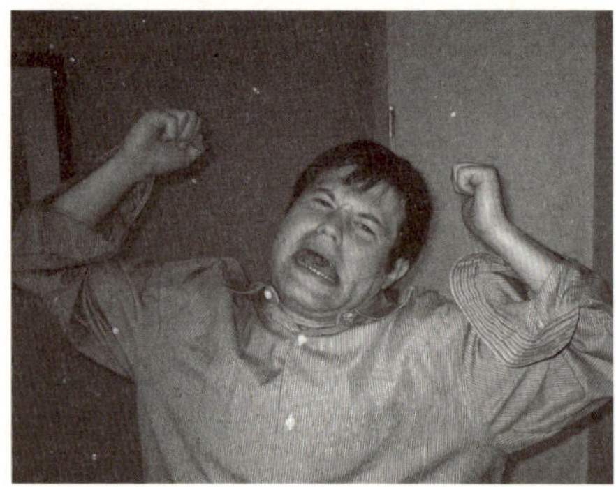

키를 늘이지 않고 문제를 해결하는 법

나는 어릴 적에 땅꼬마에다 무게도 43킬로그램밖에 안 나갔다.
운동도 열심히 하고 아이들과도 잘 어울렸지만,
내가 코미디를 한 것은 일종의 방어 수단이었던 듯하다.
남을 웃기는 것은 주먹을 쓰는 것보다 훨씬 훌륭한 문제 해결 방법이니까.
–팀 콘웨이

누구에게나 인생은 한 번뿐이다. 우리는 이 한 번의 기회를 어떻게 쓸 것인지 선택해야 한다. 당신이 키가 작고 다리를 늘일 계획이 없다면, 아무리 노력하고 애쓰고 고민하고 울부짖어도 작은 채로 살 수밖에 없다. 당신이 통제할 수 있는 것은 작은 키에 대처하는 방법뿐이다.

세상이 불공평하다고 아무리 외쳐봐야 세상은 조금도 공평해지지 않는다. 심각이 지나치면 웃음거리만 될 뿐이다. 배를 쫄쫄 굶으면 살을 뺄 수나 있고, 배부르게 먹으면 행복해지기나 하지만 말이다.

진부하게 들릴지 모르겠지만, 키에 대해 유머 감각을 발휘하면, 키는 더는 결점이 아니다. 그리고 남들도 그렇게 생각할 것이다. 작은 키가 당신의 가장 큰 고민거리라면 아주아주 운 좋은 줄 알라. 적어도 이렇게 태어나지는 않았을 테니까.

그러니 밝은 면을 보면서 살자꾸나.

작은 키의 이점

* 아래쪽에 있는 물건까지 손이 닿는다.
* 비좁은 곳에서도 편안히 앉아 있을 수 있다.
* 남들은 몸을 웅크려야 누울 수 있는 소파에서 기지개까지 켤 수 있다.
* 스웨터로 담요를 만들 수 있다.
* 더러운 양말 한 켤레와 우산으로 스웨터를 만들 수 있다.
* 당신 같은 사람이 꿋꿋이 살아가면 키 큰 사람들은 당신 덕에 더 행복해진다. 영문도 모르면서 말이다.
* 콘서트장 뒷줄에 서 있을 때는 불리하겠지만, 앞으로 비집고 들어가도 아무도 신경 안 쓴다.
* 하키 경기를 할 때 허리를 숙이지 않아도 된다.

(연구에 따르면) 심장마비를 겪을 확률이 줄어든다.

* 동물들이 당신을 두려워한다(물론 조그만 녀석들 말이지만).
* 성가신 에어백을 안 써도 된다.
* 웅덩이와 얕은 호수가 더 재미있다.
* 아무도 당신 콧구멍을 들여다보지 않는다. 돈 주고 시키면 모를까.
* 많은 사람들이 당신을 좋아한다.
* 당신은 멋진 사람이다.
* 거북 등에 올라탈 수 있다.

키가 컸다면 내 삶이 어떻게 달라졌을까?

잠시 쉬어가는 의미에서 역할을 바꾸어보자. 나는 저자 역할을 쉬고 당신은 독자 역할을 쉬는 거다. 당신이 아래 빈 공간을 메울 동안 나는 뒤로 돌아가 내가 쓴 멋진 농담이나 읽어봐야겠다.

이제 변명거리도 없으니 서로 솔직히 털어놓자. 키가 커지고 싶다고.

우리는 적어도 키가 큰 것이 어떤 것인지 알고 싶다. 그래서 내가 최대한 자세하게 추측을 해보았다.

잠에서 깬다. 이상하게도 발이 차다. 아, 다리가 침대 밖으로 빠져나와 있어서 발이 대롱대롱 매달려 있었지. 이건 큰 키의 대가다. 시계를 보니 까딱하다가는 출근 시간에 늦겠다(나는 기업 임원에다 아마추어 농구선수다). 서둘러야 해! 뭘 입지? 옷 창고를 뒤지는 동안 집사가 신문과 스크램블드에그를 가져온다. 옷을 사러 가면 모든 옷이 어울리기 때문에 안 사고는 못 배긴다는 게 나의 큰 단점이다.

집사가 예리하게 한마디 한다. "나리, 이런 말씀 드려도 될지 모르겠습니다만, 오늘 좀 야위어보이십니다."

내가 말한다. “이런, 제기랄. 키를 유지하는 대사 작용만으로도 칼로리를 모두 소비한단 말이야. 그래도 이 양복 정도면 내 매끈하고 탄탄한 몸에 잘 어울리겠군.”

“그렇습니다, 나리. 꼭 어울립니다.”

나는 짙은 감색에 가는 줄무늬가 그려진 양복을 집어들고는 지폐 무늬가 그려진 초록색 양복을 가방에 넣는다. 넥타이는 한 번만 묶는다. 두 번 묶는 윈저 매듭 따위는 할 필요가 없다. 나 정도 키면 넥타이에 발이 걸려 넘어질 일은 없으니까.

아래층 부엌으로 내려간다. 냉장고 위쪽 선반에서 초콜릿바를 꺼내 주머니에 넣는다. 키가 커서 좋은 점 중 하나는 아이들과 땅딸보 마누라 모르게 초콜릿을 숨겨둘 수 있다는 거다. 나쁜 점은 림보 게임을 잘 못한다는 것.

집사가 말한다. “아, 나리. 잊기 전에 말씀드려야겠습니다. 여기 편지가 왔습니다.”

편지를 뜯어본다. 생각대로다. 또 돈이 들어 있다. 사람들이 줄기차게 뇌물 공세를 펴는 것은 내 정자를 기증받기 위해서다. 내 유전자는 아주 훌륭하거든.

롤렉스시계를 보니, 늦었다! 문을 나서자 집사 50명이 배웅한다.

운전은 식은 죽 먹기다. 핸들을 돌리는 동시에 액셀을 밟을 수 있기 때문이다. 그런데도 브레이크를 밟아주는 로봇을 발명한 이유는 발이 닿지 않아서가 아니라 게을러서다. 내가 로봇에는 빠삭하거든.

CD를 넣는다. 아직까지 CD 플레이어를 쓰는 이유는 제일 큰 아이팟도 나의 굵은 손가락으로 조작하기에는 버튼이 너무 작기 때문이다. 곧장 히든 트랙으로 건너뛰어 재생 버튼을 누른다(히든 트랙이 있는 걸 어떻게 아느냐고? 키 큰 친구들이 CD를 먼저 듣고 바로바로 알려주니까).

회사에서 논쟁이 벌어진다. 물론 승자는 나다. 큰 키는 논쟁에서도 유리하다. 사무실 안을 돌아다니며 파티션 너머로 직원들을 내려다보자 존경의 눈길이 한몸에 쏟아진다. 이따금 파티션 뒤에서 조금씩 무릎을 굽히며 마치 내가 녹아버리는 듯한 장면을 연출한다. 이래서 내가 훌륭한 사장이라니까.

점심 먹고 은행에 들른다. 나는 키가 크기 때문에 다들 나에게 '사장님'이라고 부르며 입금 전표를 내민다. 엄마 어딨냐고 물어보면서 막대 사탕을 주는 사람은 없다.

회사에 돌아가 인터넷 채팅을 한다. 텔레비전 리얼리티쇼 출전자들에 대한 나의 중요한 견해를 사람들이 알아야 하니까. 채팅을 할 때는 결코 키를 속일 필요가 없다. 하지만 재미 삼아 거짓말을 한다.

퇴근하기 직전에 전화벨이 울린다. 영화 제작자다. 《호기심 많은 조지》를 영화로 만드는데 내게 '노란 모자 사나이' 배역을 맡아달란다. 바야흐로 꿈이 이루어지는 순간이다! 원숭이 역할이 아니라서 다행이다…… 원숭이 말고는 할 게 없는 사람도 있겠지만.

말도 안 돼. 그럴 리가 없어. 이렇게 바꿔야겠다.

잠에서 깬다. 발이 미친놈마냥 침대 밖에서 덜렁거린다. 조명 스위치를 찾는 데만 15분이 걸린다. 손끝이 너무 멀어서 잘 보이지가 않으니. 젠장. 새벽 6시 반. 달리기할 시간이다.

나는 다리가 두 배 길기 때문에 발을 디디는 횟수가 남들 절반이다. 그래서 거리를 두 배 멀리 뛰지 않으면 두 배로 살이 찐다. 그러면 피곤해서 두 배 더 오래 자야 하고, 스트레칭 할 시간이 절반으로 줄어든다. 나는 이런 식으로 겨우겨우 살아간다.

역시나 끝은 짧게

이제 작별 인사 할 시간이다. 이야기해줄 것이 너무 많았는데 시간이 너무 짧았다. 작은 키는 수많은 위대한 예술가, 사상가, 지도자와 당신의 공통점이다. 물론 여기에는 대가가 있다. 남들의 편견에 시달릴 때면 당신이 그들보다 더 위대한 존재라는 것을 명심하라. 누군가 당신을 '난쟁이' 라고 부르면, 그건 칭찬이다. 수분을 충분히 섭취하고 침팬지와 결혼하지 말라는 충고도 잊지 말라. 당신이 보고 싶을 거야.

키가 크다는 것이 세상에서 가장 멋진 일처럼 느껴질 때도 있다. 하지만 그건 어리석은 생각이다. 세상에서 가장 멋진 일은 하늘을 나는 것이고 두번째는 물속에서 노래하는 것이다. 제발 이성을 찾기 바란다. 내가 당신에게 바라는 건 이것 하나다.

문제는, 키가 큰 것이 그렇게 좋다면 왜 거의 모든 사람들이 자신을 '작다' 고 생각하는 걸까? 거의 모든 사람들이 뭔가 잘못 생각하고 있을까? 그건 말도 안 된다.

키에 대해 할 수 있는 건 별로 없다. 그러니 그만 좀 고민하라. 수천년이 지나면 인간에게는 키가 무의미해질지도 모른다. 인간의 키를 광년이나 흑체로 측정하게 될지 누가 아나? 하지만, 우리가 모두 같은 행성에 살고 있는 한 이것을 명심하기 바란다. 지금 같은 세상을 만든 것은 키 작은 사람들이라는 것을. 맛있는 아이스크림 향이 나는 이 멋진 세상을.

참고문헌

작은 키를 소재로 한 책

《세상에서 가장 작은 개: 세상에서 가장 작은 개가 들려주는 명언과 지혜》

《세상에서 가장 작은 고양이》(폴 맥카트니가 《세상에서 가장 작은 개》를 패러디한 책)

《미국의 키 작은 사람들》

《프랑스의 키 작은 사람들》

《독일의 키 작은 사람들》

《멕시코인의 평균 키》

《내 바지는 왜 이렇게 긴가?》

《도와줘, 손이 안 닿아》

《배에서 꺼내줘요: 바다 한가운데 떠 있는 구명정에 키 작은 사람 50명이 타고 있다. 그중에서 누가 살아남을까?》

《나는 동의하지 않았다: 애완동물이 키 작은 주인을 대상으로 실험하다》

《개구멍으로 들여다본 삶: 삶의 신비를 푸는 키 작은 사람의 기발한 해결책》

《근시안: 안과 의사가 실수로 수백 건의 살인을 저지르다》

《〈근시안〉 평론: 서평 작가가 실수로 안과 의사를 살해하다》

《팔은 짧고, 다리도 짧고, 머리는 없다》

《거인의 최후: 힙합 판 성경》

저자가 쓴 다른 책

《우크라이나에서 길을 잃다: 이 책 읽고 있는 사람, 저 좀 구해줘요!》

《소녀의 야간 외출: 우크라이나 교도소 제도의 완전한 역사》

《모히토의 최후》

근간

《코끼리의 눈물》

Anecdotage.com, http://www.anecdotage.com.

Anne Case and Christina Paxson, "Stature and Status: Height, Ability, and Labor Market Outcomes: Working Paper 12466," (Cambridge, MA: National Bureau of Economic Research, 2006).

Bean, R. Bennett, "Stature throughout the World," Science 67, no. 1723 (1928): 1-5.

Bryant J., E. Loveman, D. Chase, B. Mihaylova, C. Cave, K. Gerard, and R. Milne, "Clinical effectiveness and cost-effectiveness of growth hormone in adults in relation to impact on quality of life: a systematic review and economic evaluation," Health Technology Assessment 6, no. 19 (2000).

CBS News Online, "Forget Napoleon–Height Rules: Study Finds Each Inch Could Mean an Extra $800 a Year," http://www.cbsnews.com/stories/2003/10/17/health/main578654.shtml.

Celebheights.com, http://www.celebheights.com/.

Cline, M.G., K.E. Meredith, J.T. Boyer, and B. Burrows, "Decline of height with age in adults in a general population sample: estimating maximum height and distinguishing birth cohort effects from actual loss of stature with aging," Human Biology 61, no. 3 (1989): 415-25.

Consumeraffairs.com, "Dating Sites Short on Truth: Users Most Likely to Exaggerate their Height," http://www.consumeraffairs.com/news04/2007/02/valentine_dating_sites.html.

Glenday, Craig, *Guiness World Records 2007*, (London: Guinness World Records Ltd., 2006).

Harper, Barry, "Beauty, Stature and the Labour Market: A British Cohort Study," (study, London Guidhall University, 1999), http://www.essex.ac.uk/ilr/eeeg/Conference1/Harper.pdf.

Hershey, Bodin, *It's a Small World*, (New York: Cowad-McCann Inc., 1934).

Hy Roth and Robert Cromie, *The Little People*, (New York: Everest House, 1980).

The Internet Movie Database, http://imdb.com/.

Keogh, Frank, "Knight's crowning glory," BBC Sport, June 2, 2003, http://news.bbc.co.uk/sport1/hi/other_sports/horse_racing/2941894.stm.

Kahn, Joseph, "Chinese People's Republic Is Unfair to Its Short People," *The New York Times*, May 21, 2004, http://query.nytimes.com/gst/fullpage.html?sec=health&res

=990CE1DA113FF932A15756C0A9629C8B63.
Komlos, John, "The Anthropometric History of Early-Modern France," European–, Review of Economic History 7, no. 02 (2003): 159-189.
"Shrinking in a Growing Economy? The Mystery of Physical Stature During the Industrial Revolution," The Journal of Economic History 58, no. 3 (1998): 779-802.
Krajewska, Barbara, "Arsenic and the Emperor," Napoleon.org, http://www.napoleon.org/en/reading_room/articles/files/arsenic_emperor.asp.
Kralic, Adam, "Attila the Hun: Major political events and the death of Attila the Hun," posting to About.com, http://ancienthistory.about.com/cs/attilathehun/a/attilathehun.htm.
Mayell, Hillary, "Hobbit-Like Human Ancestor Found in Asia," National Geographic News, October 27, 2004, http://news.nationalgeographic.com/news/2004/10/1027_041027_homo _floresiensis_2.html.
Medical News Today, "Cost for Growth Hormone Therapy Doesn' t Measure Up," http://www.medicalnewstoday.com/medicalnews.php?newsid=39377.
MSNBC Online, "The world' s smallest car: Wheels made up of just 60 atoms each," http://www.msnbc.msn.com/id/9778004/.
Niewenweg, R., M.L. Smit, M.J.E. Waienkamp, and J.M. Wit, "Adult height corrected for shrinking and secular trend," Annals of Human Biology 30, no. 5 (2003): 563-569.
NME, "Man shot over James Brown' s height: Argument over the late Godfather of Soul ends in gunfire," January 11, 2007, http://www.nme.com/news/ james-brown/25768.
Oidemizu, Takayuki, "The Quest for the Perfect Racket: Advances in Tennis Racket Design," Illumin, December 6, 2006, http://illumin.usc.edu/article.php?articleID=68&page=4.
Parker, Gretchen, "Limb lengthening tests human willpower: Patients endure unimaginable pain for a few inches," Associated Press, February 18, 2004, http://www.msnbc.msn.com/id/4242093/#storyContinued.
Reitman, Valerie, "We clicked: Matchmaking tools, including psychological tests and personality profiles, are helping online daters narrow their search for 'the one,' " *The Los Angeles Times*, April 26, 2004, http://www.eharmony.com/singles/servlet/press/articles?id=15.
Richard H. Steckel and Joseph M. Prince, "Tallest in the World: Native Americans of the Great Plains in the Nineteenth Century," *American Economic Review* 91, no. 1 (2001): 287-294.
Rieser, Patricia A., Growth Hormone Deficiency, (Glen Head, NY: Human Growth Foundation, Inc., 1979), http://www.hgfound.org/pub_growth.html.
Romaine, Mertie E., *General Tom Thumb and His Lady*, (Taunton, MA: William S. Sullwood Publishing Inc., 1976).

Short Persons Support, http://www.shortsupport.org/.
Sun, Lena H., “Metrorail Car' s Trial Run Lets Short Riders Get a Grip,” *The Washington Post*, February 8, 2007, http://www.washingtonpost.com/wp-dyn/content/article/2007/02/07/AR2007020702505.html.
The Times of India, “World' s smallest temple discovered in China,” November 2, 2005, http://timesofindia.indiatimes.com/articleshow/msid-1282270,curpg-1.cms.
Watts, Jonathan, “A tall order,” *The Guardian*, December 15, 2003, http://www.guardian.co.uk/china/story/0,7369,1107283,00.html#article_ continue.
Wikipedia, http://en.wikipedia.org/wiki/Main_Page.

역자후기

이 책을 읽고 있는 당신은 아마도 전 국민의 80퍼센트에 속할 것이다. 지구상에는 자기가 작다고 생각하는 사람이 80퍼센트나 되니까(9쪽). 25쪽에 나와 있는 대한민국 성인의 평균 키를 자신과 비교해보라. 평균 키보다 큰데도 자신이 작다고 생각하는 사람은 아마도 자신의 키를 기대 신장과 비교했을 것이다. 한 조사에 따르면, 학부모들은 자녀의 키가 남자는 180.6센티미터, 여자는 166.7센티미터까지 자라기를 바란다고 한다.

이 책은 자신이 작다고 생각하는 사람을 위한 책이다. 우리 키 작은 사람에게는 물리쳐야 할 적이 있다. 내부의 적은 열등감과 헛된 바람이다. 혹시 그 열등감이 나폴레옹 콤플렉스라면 확실히 치유할 수 있다. 왜냐하면 나폴레옹 콤플렉스란 "왜소한 체구에서 비롯한 일종의 열등감"(90쪽)이 아니기 때문이다. 콤플렉스에서 벗어나는 것이 아니라 콤플렉스의 존재 자체를 없애버리는 것이야말로 가장 확실한 방법 아닐까?

키 작은 사람을 괴롭히는 외부의 적은 사회의 편견과 차별이다. 그런데 요즘도 이런 '편견'을 가진 사람이 있을까? 키 작은 사람은 자기 자신을 좋아하지 않는다, 키 작은 사람은 못생겼다, 키 작은 사람은 멍청하다, 키 작은 사람은 리더십이 약하다, 키 작은 사람은 취업하기 힘들다, 키 작은 사람은 연애하기 힘들다 등등. 그런데 어쩌나, 이러한 편견은 전부 사실이다(진짜다. 64쪽을 읽어보라). 이런 것이야말로 진짜 편견이다. 키 작은 사람은 술고래다, 키 작은 사람은 무뚝뚝하다, 키 작은 사람은 꽃을 좋아한다 등등(주의: 이 책은 엄숙 · 진지한 책이 아님. 그런 책을 원하는 사람은 《키는 권력이다》(현실문화)를 읽어보시길.) 편견의 정체는 모르겠지만, 이로 인한 차별이 존재하는 것은 사실이다. 키 차별—영어로는 보통 heightism이라고 하지만 저자는 smallotry(bigotry 참조)라는 신조어를 만들어냈다(55쪽)—은 키 작은 사람들이 신체적 · 정신적 · 경제적으로 고통받는 이유다.

키는 개인의 특징 중에서 가장 바꾸기 힘든 축에 든다. 비싸고 제한적인 호르몬 요법, 고통스러운 사지연장술로도 키를 늘이기란 여간 어려운 일이 아니다. 따라서, 외모 차별은 성형수술 열풍을 낳았지만 키 차별은 좌절과 분노만을 낳을 뿐이다. 벗어날 수 없으면 즐겨야 하지 않겠는가? 키를 주제로 한 온갖 시시껄렁한 농담과 지식의 잡동사니를 즐기다 보면 어느새 '키'가 내게서 빠져나와 유머의 대상이 되어 있음을 보게 될 것이다.

따라서 내부의 적과 싸우는 방법은 나의 키를 객관화하는 것이다. 키는 생각하거나 떠올리기 싫은, 피하고만 싶은 나의 참모습이 아니라 그저 하나의 특징일 뿐이다. 나라는 존재에 속속들이 스며 있던 키를 응고시켜 배설해버리자. 《숏북》은 열등감을 치료하는 책이다. 저자가 "난 정말 과학자 아니라니까!"라고 거듭 강조하는 데서 이 책의 목적을 엿볼 수 있다. 이 책에는 진짜 정보와 거짓 정보가 섞여 있다. 예리한 눈으로도 구별하기가 쉽지 않을 것이다. 강을 건넌 뒤 뗏목을 버리듯, 마지막 책장을 덮을 때쯤이면 이런 정보는 모두 잊어버리기 바란다. 더불어 키에 대한 고민도 책과 함께 벗어버리길.

외부의 적과 싸우는 방법은 유머다. 팀 콘웨이 말마따나 "남을 웃기는 것은 주먹을 쓰는 것보다 훨씬 훌륭한 문제 해결 방법”(195쪽)이니까. 이 책의 유머는 나를 치료하는 약이자 나를 지켜주는 방패이기도 하다. 이 책을 읽는 동안 실컷 웃으시기 바란다.

(번역서인) 이 책은 (한국) 독자에게 친절하지 않다. 유머는 문화의 산물이기 때문에 효과적인 유머일수록 번역하기 까다롭다(이 책에는 인류 공통의 유머인 화장실 유머도 적잖이 들어 있긴 하지만). 문화적 차이가 큰 텍스트를 번역할 때 번역자가 취할 수 있는 전략은 대략 세 가지일 것이다. 첫째는 번안이다. 한국 상황에 맞게 원문을 변형하는 것이다. 등장인물 이름과 공간적 배경을 한국식으로 바꾸는 번안은 익숙할 것이다. 영어 속담을 한국어 속담으로 바꾸는 것도 (약하기는 하지만) 번안의 범주에 들 것이다. 이 책에서 de-zaggerating을 ‘과단(誇短)’으로 옮긴 것도 비슷하다(37쪽). 문제는 단순히 의미를 전달하는 데 그치지 않고 텍스트의 효과—여기서는 즐거움일 것이다—까지 살려내야 한다는 건데 이런 제2의 창작은 번역자에게 꽤나 골치 아픈 일이기도 하다. 둘째는 역주다. 독서 흐름을 방해하며 (대부분의 경우) 별로 중요하지 않은 정보를 설명하느라 독자의 시간을 빼앗는다는 점에서 별로 좋아하지 않는 방법이지만 불가피한 경우도 있다. 세어보니 이 책에도 40개 가까이 된다. 역주를 명시하지 않고 은근슬쩍 끼워넣는 경우도 있다. 이를테면 마이크앤드아이크라는 캔디를 아는 한국 사람은 많지 않을 테니 앞에 ‘캔디’라는 말을 덧붙여 내용을 이해하는 데(또는 즐기는 데) 필요한 최소한의 정보를 전달하는 것이다(37쪽). 셋째는 독자에게 맡기는 것이다. 이를테면 키블러 요정이 깡패라는 소문을 키블러 사에서 퍼뜨렸으리라는 글을 읽을 때(85쪽), 독자는 키블러 사가 켈로그 사에 인수된 과

자 회사라는 정보를 몰라도 괜찮다. 호기심이 많은 독자라면 직접 찾아보면 될 것이다. 번역자가 어디까지 개입할 수 있는가는 까다로운 문제다. 이를테면 저자가 이 책 어딘가에 "부엌 어딘가에 숨어 있는 로켓 목걸이 찾는 법"(11쪽)이 들어 있다고 말할 때 나는 198쪽을 보라고 독자에게 말해주고 싶어 입이 근질거리지만 이 정도의 개입은 아마도 허용되지 않을 것이다.

이 이야기를 길게 한 이유는 독자와 번역자의 새로운 소통 방식을 제안하고 싶어서다. 번역자는 번역서로 말하는 것이 마땅하겠지만 나는 텍스트의 생산뿐 아니라 소비에도 참여하고 싶다. 번역자는 다른 독자보다 먼저 책을 읽은 선배 독자이자 원문을 가지고 있는—번역서만 읽은 독자에 대해—고급 독자로서 남들에게 도움을 줄 수 있다. 이를테면 랜디 뉴먼이라는 가수가 키 작은 사람을 비하하는 노래를 불렀다는(82쪽) 내용을 읽으면 노래의 전체 가사가 궁금하지 않을까? 독자와 공유하고 싶기는 하지만 책에는 담을 수 없는 이런 정보를 따로 올려둔다면 어떨까? 내 카페(http://www.socoop.net/theshortbook)에 이런저런 정보를 올려둘 테니 관심 있는 독자는 한번 들러주시길.

고등학교 때 키가 쑥쑥 자라면서 대한민국 성인 남자 평균 키에 도달한 뒤로 나는 작은 키와 상관없다고 생각했는데, 알고 보니 그게 아니었다. "직장에서의 성공 여부를 좌우하는 것은 성인기가 아니라 청소년기의 키"(63쪽)라니 말이다. 그러고 보면 나도 이 책의 독자 자격이 있는 셈이다. 독자로서 내가 느낀 재미를 여러분도 느껴보시기 바란다.

2010년 2월 노 승 영